汽车销售与服务礼仪

主编 高腾玲 杨秀丽

北京理工大学出版社
BEIJING INSTITUTE OF TECHNOLOGY PRESS

内 容 简 介

本书依据汽车销售与服务人员的岗位需求，不但对仪表礼仪、仪态礼仪、表情礼仪、言谈礼仪、日常礼仪等进行了介绍，还对销售人员和服务人员的工作流程系统地进行了介绍，细化了销售与服务人员的礼仪，包括销售环节中展厅接待的礼仪、需求分析的礼仪、产品展示的礼仪、试乘试驾的礼仪、商务谈判的礼仪、新车交付的礼仪、售后跟踪的礼仪，还包括售后流程中预约礼仪、准备工作的礼仪、接车/制单的礼仪、维修工作的礼仪、质检/内部交车的礼仪、交车/结算的礼仪、回访的礼仪。

本书具有很强的实用性和适用性，能够起到很好的指导作用，可作为高等院校汽车类专业的教材，也可以作为汽车经销商的辅助培训教材。

版权专有　侵权必究

图书在版编目（CIP）数据

汽车销售与服务礼仪 / 高腾玲，杨秀丽主编. —北京：北京理工大学出版社，2019.11（2019.12重印）

ISBN 978-7-5682-7971-0

Ⅰ. ①汽⋯　Ⅱ. ①高⋯②杨⋯　Ⅲ. ①汽车–销售–礼仪　Ⅳ. ①F766

中国版本图书馆 CIP 数据核字（2019）第 253665 号

出版发行 / 北京理工大学出版社有限责任公司	
社　　址 / 北京市海淀区中关村南大街 5 号	
邮　　编 / 100081	
电　　话 /（010）68914775（总编室）	
（010）82562903（教材售后服务热线）	
（010）68948351（其他图书服务热线）	
网　　址 / http://www.bitpress.com.cn	
经　　销 / 全国各地新华书店	
印　　刷 / 三河市天利华印刷装订有限公司	
开　　本 / 787 毫米×1092 毫米　1/16	
印　　张 / 15.75	责任编辑 / 徐艳君
字　　数 / 331 千字	文案编辑 / 徐艳君
版　　次 / 2019 年 11 月第 1 版　2019 年 12 月第 2 次印刷	责任校对 / 周瑞红
定　　价 / 38.00 元	责任印制 / 李志强

图书出现印装质量问题，请拨打售后服务热线，本社负责调换

前　言

中国汽车市场进入成长后期，汽车市场竞争日趋激烈，汽车企业面临的外部环境也变化迅速。在汽车后市场服务中，人力资源的竞争依然成为企业间竞争的焦点。汽车销售作为汽车制造后市场的第一环节，其环节畅通与否，对汽车后市场服务的全过程流通起着关键的作用，特别是汽车销售与服务人员的职业素养高低，直接影响着企业的形象和销售业绩。因此，高素质汽车销售与服务人员是企业提升管理水平和在市场竞争中立于不败之地的必要条件。在市场竞争愈加激烈的今天，对专业的汽车销售与服务人员的职业礼仪规范提出了更高的要求。

汽车销售与服务礼仪是汽车专业化销售与服务的具体体现，消费者只有接受销售与服务人员的基本礼仪才能接受其代理的产品。本书立足于高等教育特点及汽车经销企业对销售与服务人才的需求，结合汽车经销企业的职业礼仪规范，从销售与服务人员应有的职业态度、职业素质及职业能力出发，提供规范销售与服务人员与客户沟通互动过程中职业态度、职业仪容仪表以及职业行为习惯的标准。

本书共分为五个项目，系统地介绍了汽车销售与服务礼仪的基本概念、汽车销售与服务人员的仪容仪表礼仪、汽车销售与服务人员身体语言与仪态礼仪、汽车销售礼仪及汽车售后服务礼仪，具体内容如下表所示。

项目	任务	学时	权重
项目一	汽车销售与服务礼仪的基本概念	2	5%
项目二	汽车销售与服务人员仪容仪表礼仪	8	20%
项目三	汽车销售与服务人员身体语言与仪态礼仪	8	20%
项目四	汽车销售礼仪	12	30%
项目五	汽车售后服务礼仪	10	25%

　　本书由高腾玲、杨秀丽担任主编,石虹、宋薇、董志会参与编写,韩丽莎也提供了帮助。吉林省华之城汽车销售有限公司的内训师梅朕闻也参与了编写。

　　由于编者精力与水平有限,书中难免出现疏漏和不妥之处,敬请广大读者提出宝贵意见,再次表示感谢。同时,作为高等教育战线的一线工作者,我们将不断地学习与实践,逐步改善我们的工作。

编　者

目 录

项目一	**汽车销售与服务礼仪的基本概念**	001
第一节	什么是汽车销售与服务礼仪？	002
第二节	汽车销售与服务礼仪的文化基础	004
第三节	汽车销售与服务礼仪的心态基础	009
项目二	**汽车销售与服务人员仪容仪表礼仪**	015
第一节	形象的社会心理学基础	016
第二节	皮肤的类型与日常保养方法	020
第三节	日常修饰的方法与仪容礼仪	024
第四节	仪容整洁	032
第五节	职业服装品质的基本要素	036
第六节	职业服装审美的基本要素之一：色彩	042
第七节	职业服装审美的基本要素之二：款式	049
第八节	职业服装审美的基本要素之三：饰品	058
项目三	**汽车销售与服务人员身体语言与仪态礼仪**	063
第一节	身体语言	064
第二节	站姿	070
第三节	坐姿	075
第四节	走姿与蹲姿	079
第五节	见面问候的礼仪	081
第六节	介绍的礼仪	086
第七节	使用名片的礼仪	089
第八节	接打电话的礼仪	091
第九节	网络通信礼仪	095
第十节	办公室礼仪	100
第十一节	行进与位次礼仪	103

第十二节　文体活动中的礼仪 …………………………………………… 107
　　第十三节　求职面试的礼仪 ……………………………………………… 110

项目四　汽车销售礼仪 …………………………………………………………… 115
　　第一节　展厅接待的礼仪 ………………………………………………… 116
　　第二节　需求分析的礼仪 ………………………………………………… 122
　　第三节　产品展示的礼仪 ………………………………………………… 125
　　第四节　试乘试驾的礼仪 ………………………………………………… 131
　　第五节　商务谈判的礼仪 ………………………………………………… 133
　　第六节　新车交付的礼仪 ………………………………………………… 139
　　第七节　售后跟踪的礼仪 ………………………………………………… 142

项目五　汽车售后服务礼仪 ……………………………………………………… 145
　　第一节　汽车 4S 店售后服务概述 ……………………………………… 146
　　第二节　预约的礼仪 ……………………………………………………… 149
　　第三节　准备工作的礼仪 ………………………………………………… 154
　　第四节　接车/制单的礼仪 ……………………………………………… 160
　　第五节　维修工作的礼仪 ………………………………………………… 169
　　第六节　质检/内部交车的礼仪 ………………………………………… 173
　　第七节　交车/结算的礼仪 ……………………………………………… 176
　　第八节　回访的礼仪 ……………………………………………………… 179

参考文献 ……………………………………………………………………………… 183

项目一
汽车销售与服务礼仪的基本概念

人无礼则不生,事无礼则不成,国家无礼则不宁。——荀子
不学礼,无以立。——孔子
凡人之所以贵于禽兽者,以有礼也。——《晏子春秋》
在宴席上最让人开胃的就是主人的礼节。——莎士比亚
善气迎人,亲如兄弟;恶气迎人,害于戈兵。——管仲
安上治民,莫善于礼。——《孝经》
人有礼则安,无礼则危。——《礼记》

第一节　什么是汽车销售与服务礼仪？

礼仪不仅是一个国家、一个集体精神风貌的集中展现，同时也是一个人在思想观念、文化素质、道德修养与社交能力等方面的综合表现，是人们在社会交往中逐渐形成和共同遵守的社会规范与行为准则。

随着经济的飞速发展，汽车销售与服务行业越来越注重如何以恰当的方式表示对客户的尊重，从而营造良好的服务氛围，取得共赢的结果。

中华民族素以"礼仪之邦"著称于世，那么，什么是礼仪呢？

礼仪，是"礼"和"仪"的统称，是人际交往过程中人们互相表达尊重、友善，以建立和谐关系为目的而遵从的行为方式、行为准则和活动程序的总和。"礼"是指礼节、礼貌，"仪"则涵盖了仪容、仪表、仪态以及仪式等方面的内容。

礼节，是指人们在交往的过程中，相互表示尊敬、问候、欢迎、哀悼、祝福等的习惯形式。这些习惯形式在历史过程中随着时代的发展而不断变化，即使在同一时代也有着极大的地域性差异。比如，在中国古代，见了尊者要行跪拜礼（跪下磕头）。原始的跪拜礼根据对方尊贵的程度不同又分为拜首、稽首、顿首，区分的尺度是头俯的程度不同，如此烦琐的程序与当时社会生活缓慢的节奏相关，当今生活节奏越来越快，人们已经习惯了以点头、微笑、握手的形式相互致意。再比如两个日本商人或两个韩国商人见了面会鞠躬致意，而当他们会见美国商人，有可能鞠躬致意，也有可能根据美国商人的习惯握手致意。

礼貌是指言语和动作谦虚、恭敬、文明的表现。礼貌分为礼貌语言和礼貌行为两个部分。"请""谢谢""对不起"等都是礼貌的语言，而"让尊者先行""为女士开门"等都属于礼貌的行为。"有礼貌""有教养""文明"这些概念都是时代进步的产物。

仪容、仪表、仪态都是针对人的外表而言，但"仪容"重在人的容貌，"仪表"重在人的服饰、风度，"仪态"重在人的姿态。仪容、仪表、仪态综合起来，构成了一个人展示给其他人的外在表象。"爱美之心人皆有之"，将良好的形象展示给他人，令人心情愉悦，是尊重他人的具体表现。

仪式，是在一定场合举行的，具有专门程序的、规范化的活动。在日常生活中，结婚仪式、节日庆典仪式、丧葬祭祀仪式都与人们息息相关，公司的开业庆典、剪彩仪式、新员工欢迎仪式等都比较常见。仪式也是企业宣扬企业文化、展示企业成果、增强组织凝聚力的重要手段，对企业发展起着不可忽视的作用。

汽车销售与服务礼仪，是指在汽车销售与服务中，汽车销售与服务人员和客户相互表示尊敬、问候、祝愿的礼节和礼貌，是汽车销售与服务人员的仪容、仪表、仪态以及与汽车服务工作有关的各种仪式活动的总称。

在汽车销售与服务中，礼节、礼貌都是人际关系的润滑剂，能够非常有效地减少人与人之间的摩擦，最大限度地缓解人际冲突，使服务过程中的人际交往成为一件非常愉快的事情。在满足人们的社会交往需求的同时，也满足了人们被尊重的需求。

在汽车销售与服务中，汽车销售与服务人员个人的形象并不仅仅代表自己，还代表着个人所为之工作的企业，这一点与生活中的社交场合是有很大区别的。因此，在汽车销售与服务场合中，汽车销售与服务人员的仪容、仪表、仪态，言谈举止都格外重要，每个员工的良好形象，在客户的眼里都是企业的良好形象，而任何一位员工的不良行为，都会破坏整个企业的良好形象。

世界投资大王沃伦·巴菲特（见图1-1）说："树立良好的声誉，需要20年的时间，而毁掉它，5分钟就足够了。如果能考虑到这一点，你就会讲究礼仪了。"

图1-1　沃伦·巴菲特

第二节 汽车销售与服务礼仪的文化基础

美国心理学家马斯洛把人的需求依次由较低层次到较高层次分成生理需求、安全需求、社交需求、尊重需求和自我实现需求五类,如图1-2所示。

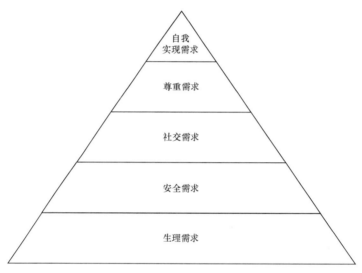

图1-2 马斯洛需求层次理论

一、生理需求

人对食物、水、空气和住房等的需求都是生理需求,这类需求的级别最低。人们在转向较高层次的需求之前,总是尽力满足生理需求。人在得不到足够的食物填饱肚子之前,通常对其他事物都不感兴趣。

二、安全需求

安全需求包括对人身安全、生活稳定以及免遭痛苦、威胁或疾病等的需求。和生理需求一样,在安全需求没有得到满足之前,人通常并不关心更高层次的需求。

三、社交需求

社交需求包括对友谊、爱情以及隶属关系的需求。当生理需求和安全需求得到满足之后,人的"社会性"就突显出来,有了人际交往的需求。这一层次是与前两个层次截然不同的另一层次。

四、尊重需求

尊重需求既包括对成就或自我价值的个人感觉，也包括他人对自己的认可与尊重。有这种需求的人如果不被别人尊重，会对他们的心理构成威胁，他们会感到沮丧或愤怒。

五、自我实现需求

自我实现需求的目标是实现自我，或者发挥潜能。要满足这种尽量发挥自己才能的需求，应该已在某个时刻部分地满足了其他需求。当然，有的人可能过分关注这种最高层次需求的满足，以至于自觉或不自觉地放弃满足较低层次的需求。

管子所言的"仓廪实则知礼节，衣食足则知荣辱"，与马斯洛的需求层次理论主体上是一致的。但是，中国人的需求和外国人的需求真的是完全一样的吗？曾经有德国的学者，对一家中德合资公司里的中方工作人员做过这样的需求调查，其结果如图1-3所示。

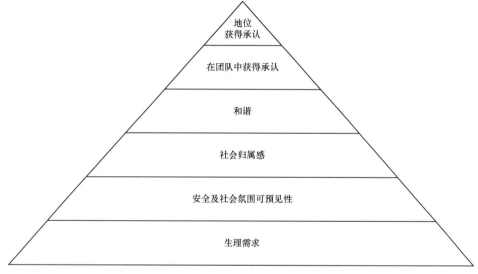

图1-3 中方工作人员需求层次

对比马斯洛的需求层次理论图，大家可以看到，马斯洛认为自我实现是人们追求的最高目标。所谓自我实现，马斯洛认为就是人的潜能（如友爱、合作、求知、审美、创造等）的充分发挥。他认为可以将其定义为"不断实现潜能、智能和天资，定义为完成天职或称之为天数、命运或禀性，定义为更充分地认识、承认了人的内在天性，定义为在个人内部不断趋向统一、整合或协同动作的过程"。也就是说，个体之所以存在，之所以有生命意义，就是为了自我实现。

而图1-3则说明，中方工作人员所追求的最高目标不是"自我实现"，而是"地位获得承认"及"在团队中获得承认"。"和谐"及"社会归属感"对中方工作人员来说也很重要。不难看出，中方工作人员更在意他人尤其是周围人对自己的认可。中方工作人员之所以会更在意别人对自己的看法而不是更在意是不是"自我实现",是因为他们受到中国传统文化的影响。

我们在本书里面所谈论的"文化",是指不同的人种、民族、社会成员特有的生活方式、思维方式、行为方式、交往方式以及与之密切相关的、后天习得的各个方面。

从体貌特征上看,不同人种之间的差异是很明显的:蓝色、棕色、灰色、黑色的眼睛;白色、棕色、黄色、黑色的皮肤;至于头发的颜色,更是从浅到深数不胜数。但是,遗传学家对非洲、欧亚地区、东亚地区、大洋洲和美洲5个地理区域的52个族群进行的研究表明,尽管不同的人种看上去差别很大,但是世界不同地区的人的基因却非常相似。人和人之间的基因序列,有99.9%都是相同的。人种间可见的不同之处,例如肤色和头骨的形状,是由很小的部分不同的基因特性所导致的。

尽管人在生物学本质上极为相似,但是由于地理环境不同、历史发展过程不同,不同国家、不同民族之间在漫长的岁月当中逐渐形成了巨大的文化差异。中国人和外国人在政治、经济、伦理、信仰等方面都存在着观念上的差异,不仅如此,在思维方式上也存在着很大的差异,至于现实生活当中具体的行为方式、交往方式、风俗习惯等,差异则更是显而易见。在与世界接轨的今天,你会在各种场合遇到各种不同文化环境当中成长起来的人,这些来自不同文化的人,就好比同样的计算机硬件,被安装了不同的操作系统和其他各不相同的软件,当你必须同时使用这些不同的计算机时,就必须学习不同软件的使用方法,了解它们各自的特点,这样才能更有效率地做好工作。

中华民族习惯于称自己为"龙的传人",龙(见图1-4)在中国文化当中,取各种动物之长,角如鹿、头如驼、眼如兔、颈如蛇、腹似蜃、鳞如鲤、爪似鹰、掌如虎、耳似牛,象征着一种被奉若典范的"神性",而且逐渐被纳入帝王意识形态的阐释系统,成为帝王的吉祥物。同样是龙,在西方却是撒旦的化身,代表着邪恶的力量。因为这种文化的差异,以往我们主办国际会议时——不管亚太经济合作组织的经济合作论坛还是奥运会,我们恐怕都很难用龙来作为吉祥物。但是随着中国与世界交往的日益频繁,中国人对"龙"的阐释也在逐渐被西方世界所理解。

图1-4　中国龙

世界上对于文化类型的划分方法是多种多样的。国际惯例领域公认的权威专家南·利普托特（美）将文化分为三种基本的类型：部落主义型、集体主义型和多元主义型，其主要特点见表1-1。

表1-1 世界文化与礼仪

世界文化的主要类型	特点	礼仪交往策略	礼仪原则
部落主义型：每个人从家族单位获得其身份特征	群体通过血缘关系连接并有共同的世界观；家族的生存、名声与荣誉最为重要；每个人从家族单位获得其身份特征；追求在群体中的地位，希望受别人尊重	私人关系是各种活动成功的保证；初次见面通过个人引见；形象是势力和地位的证明，你的形象越好，越使他们感到自尊；慷慨和友谊能够赢得让步	遵从他们的文化习俗或规则——使用或承认当地礼节；展示无可挑剔的保守的形象；接近他们时带礼物；说奉承的话
集体主义型：个人通过与群体的联结来展现自己	群体团结一致；人人平等、共同参与、共同分享；不能容忍个人超出群体、脱离群体；没有群体就没有一切；智慧和成就属于群体；个人为群体带来荣誉而自豪	初次见面需通过德高望重的组织引荐；谦和、保守、不要突出个人，大家平等一致；尊重老年人和资历深的人；注意象征性行为；懂得回敬好意或盛情；分享是相互尊重的象征；谈生意时强调结果有益于群体	必须按照他们的规则行事；不要对其中某一个人表示特殊的尊敬；不要强调其中某一个人的重要性；谈论人时要间接，不要特指某人；对某人所属的家庭、公司、国家都要表示尊敬
多元主义型：社会结构由许多组织构成，个人通过这些组织的组合来展现自己	每一个人自由地（而且必须）形成自己的个人特点；个人为自己负责，群体不会去关照他们；群体的形成必须经个人同意且不要求统一，认同差异；独立自主是个人追求的最高价值；依赖是一种失败；处处显示自己的权利	初次接触由专业人员推荐；他们认为各种活动是为了追逐利润，所以应当强调买卖的好处而不是涉及哪些人；他们乐于接受所有更好的方法，建议应直指要点并能解决问题；他们总想知道与他们合作的公司到底是什么样子的，因此将整个组织展现给对方可能更为有利	个人成就很重要，个人隐私也很重要；要记住尊重他们的隐私，不要提太个人化的话题

目前，由于外商在华投资的大量增加以及民营企业的蓬勃发展，各个国家的外商在华独资企业、中外合资企业、我国本土历史悠久且实力雄厚的老牌国企、我国本土的家族企业等多种企业形式处于一种并存的状态。因此，在现实的工作中，摆上你午餐餐桌上的很可能是一个"世界文化大拼盘"。

在家族企业中，你可能会感受到很多"部落主义文化"的气息，老板称呼老板娘为"孩子他妈"，你至今仍不知老板娘的芳名。你会觉得老板娘是因为与老板的关系而存在的，至于她自己是谁好像并不重要。

或者，当你刚刚长舒一口气，离开一家"枪打出头鸟"的充满集体主义文化的公司，进入一家中美合资的公司之后,你又可能一时半会儿难以适应"事事都要自己独立自主、绝不触及他人隐私"的多元主义文化。你和你的同事有时在外面一起吃饭、娱乐,但是他们从来都不到你的家里来,这和以前"枪打出头鸟"、不允许你做任何"出格"事情的那家公司是截然相反的。在家里孤单一人的时候,你的心里不免又会感叹人情的淡薄,怀念以前那些亲如一家人的公司同事们。

再或者,当初你刚毕业的时候进入了一家日本公司,第一天的培训课上你所学到的是面对上司时绝不跷起二郎腿,可你现在面对的美国老板正坐在写字台上,跷着二郎腿兴奋地发表着他的高见。

面对以上情形,应该怎么办?我们没有其他捷径可走,只有认真学习,尽可能多地了解各种文化下人们的不同思维方式、不同行为习惯,从而顺利开展我们的销售活动。

第三节　汽车销售与服务礼仪的心态基础

心态，是指一个人的心理状态。人的行为受心理状态的影响很大，在不同的心理状态下，人的行为表现会有很大的区别。

汽车销售与服务人员在学习汽车销售与服务礼仪时，一定要注意调整自己的心态。汽车销售与服务礼仪是汽车销售与服务人员行为层面的表现，其表现的优、良或差，所反映的正是汽车销售与服务人员心理状态的优、良或差。心态是礼仪行为的基础，汽车销售与服务人员在学习汽车销售与服务礼仪时，首先应当具备良好的心态。汽车销售与服务人员良好的心态，包括以下几个主要方面。

一、积极的心态

传说古时有一位国王，梦见山倒了，水枯了，花也谢了，便叫王后给他解梦。王后说："大势不好。山倒了指江山要倒；水枯了指民众离心，君是舟，民是水，水枯了，舟也不能行了；花谢了指好景不长了。"国王听后惊出一身冷汗，从此患病，且越来越重。一天，有一位大臣参见国王，国王在病榻上说出了他的心事。哪知这位大臣一听，大笑着说："太好了！山倒了指从此天下太平；水枯了指真龙现身，国王，您是真龙天子；花谢了，花谢见果子呀！"于是，国王全身轻松，很快病就痊愈了。

人的心态，有的比较积极，有的比较消极。杯子里有半杯水，心态消极的人会说："唉，怎么只有半杯水了。"心态积极的人会说："好啊，还有半杯水呢！"心态积极的人比较乐观，容易保持良好的情绪，不容易烦恼，因此会以良好的精神面貌面对他人；心态消极的人比较悲观，常常处于郁闷、伤感的情绪状态中。积极的人常以发自内心的微笑面对他人，凡事往好处想，往好处努力，人际关系就会比较和谐，工作进展也会比较顺利；消极的人常以悲观淡漠甚至愤怒的表情面对他人，凡事往坏处想，不积极地争取，人际关系就会常有冲突，遇到冲突时如果再以消极的方式来处理，结果只会更糟。礼仪是"人际关系的润滑剂"，它以良好的积极心态为基础，没有积极的心态，很难做到以礼待人。

汽车销售与服务人员在日常工作中要真正做到以礼待人，就要学会调整自己的情绪，主动地、有意识地将自己的情绪引导至积极的状态，学会接受现实，学会寻找快乐，也要学会适度、合理地发泄情绪。

人的心态会影响人的行为，人的行为也会反过来影响人的心态。因此，汽车销售与服务人员也要有意识地从行为层面培养自己良好的行为习惯，把积极心态所具有的积极行为养成习惯。例如常以微笑面对他人，站立时抬头挺胸，走路时精神抖擞，这些积极的行为习惯会促使自己拥有更加积极的心态。

美国成功学学者拿破仑·希尔说过:"人与人之间只有很小的差异,但是这种很小的差异却造成了巨大的差异!很小的差异就是所具备的心态是积极的还是消极的,巨大的差异就是成功和失败。"汽车销售与服务人员是否能将所学的礼仪知识内化为个人气质、是否能够通过学习礼仪展示出个人魅力,首先取决于是否有积极的心态(见图1-5)。

图1-5 积极树与消极树

二、尊重的心态

尊重,是指尊崇与敬重。尊重的心态,也是汽车销售与服务人员在学习汽车销售与服务礼仪时需要具备的基本心态。

有这样一个故事:一位颇有名望的富商在散步时,看到一个摆地摊卖旧书的年轻人蜷缩着瘦弱的身子在寒风中啃着又干又硬的面包,富商怜悯地将8美元塞到年轻人的手中,头也不回地走了。没走多远,他又匆匆返回来,在地摊上捡起两本旧书,并且说:"对不起,我忘了取书。实际上,我和您一样也是商人!"两年后,富商应邀参加一个慈善募捐会时,一位年轻商人紧握着他的手,感激地说:"我一直以为我这一生只能摆摊乞讨了,直到您亲口对我说,我和您一样都是商人的时候,我才树立了自尊和自信,从而取得了今天的业绩……"富商当时一句尊重鼓励的话,在年轻人的身上产生了巨大的力量。

尊重,包括了尊重他人和尊重自己两个方面。

1. 尊重他人

尊重他人,意味着对他人人格和价值的肯定。当别人不如自己时,不会用不屑的表情、眼神和话语去嘲笑他人；当自己不如别人时，既不会以嫉妒之心伤害对方，也不会以自卑之心伤害自己。与别人交往时，会用平和的语气和别人说话，不会炫耀，不会张扬，不会怒吼，措辞会顾及对方的感受。善于倾听，诚实守信，遵守时间，尊老爱幼，这一切符合礼仪的行为表现，都是以尊重的心态为基础的。

2. 尊重自己

尊重自己，意味着看重自己、爱自己。屠格涅夫说："自尊自爱，作为一种力求完善的动力，是一切伟大事业的渊源。"尊重自己的人，不会让自己蓬头垢面；尊重自己的人，能够俯下身子帮助别人，但他的灵魂却因此而得到升华。"爱人者，人恒爱之；敬人者，人恒敬之。"尊重他人、以礼待人的人，首先是尊重自己的人。尊重自己，才会尊重他人；尊重他人，才能赢得他人的尊重。只有尊重自己的人，才是自信、自爱的人。

尊重（见图1-6）是一种修养，具备尊重心态，就具备了一种高尚的品格。如果没有尊重的心态做基础，礼仪就会成为一个徒有其表的伪君子。

图1-6 尊重

三、自律的心态

自律，是指遵循礼仪规范，重在自我约束。塞缪尔·斯迈尔斯说："在日常生活或商务活动中，我们判断一个人更多的是依据他的品格而不是根据他的知识，更多的是根据他的心地而不是根据他的智力，更多的是根据他的自制力、耐心和纪律性而不是他的天才。"

学习礼仪，遵守礼仪规范，主要靠"自律"而非"他律"。人人都喜欢自由，而这种人人都拥有的自由，只有靠我们每个人的自律才能获得。礼仪的各种规范，并不像法律条文那样具有强硬的约束力,违反礼仪规范,常常只是受到道德层面的批评,依靠礼仪规范或他人来管理某个人的日常行为,通常并不能获得良好的效果。汽车销售与服务礼仪的规范,不能化作硬性的规章制度来束缚汽车销售与服务人员,只有通过每个人的自律,才能真正创造出井然有序的交往秩序与和谐的团体氛围,才能给每个人的工作和生活带来更大的自由。

对他人彬彬有礼、对自己严格要求,自尊、自爱、自强、自信,注意自身形象,在没有他人监督的时候也能够不乱扔垃圾、不破坏公物,这样才是一个真正讲礼仪的人。一个讲礼仪的人和一个不讲礼仪的人,其行为的本质区别就在于自律。我们追求的目标,需要自律才能实现。自律才能自强,自强才能自信。

《礼记·中庸》中说:"道也者,不可须臾离也;可离,非道也。是故君子戒慎乎其所不睹,恐惧乎其所不闻。莫见乎隐,莫显乎微。故君子慎其独也。"意思是说,"道"是时刻不能离开的;那些可以离开的束缚,都不能称之为"道"。因此君子会因为担心有自己看不到的地方而更加严谨,会因为担心有自己听不到的地方而更加小心。没有比在那些不易察觉的地方更能表现出君子人格的,也没有比细微之处更能显示君子风范的。所以,君子会严肃地面对自己独处的时刻。这里所说的"慎独",其本质就是"自律"。

能够"慎独"——别人看得见的时候能够按照礼仪之道行事,别人看不见的时候也能够按照礼仪之道行事,这是汽车销售与服务人员衡量自身礼仪修养水平的一个重要标准。

自律的心态,是汽车销售与服务人员学习汽车销售与服务礼仪时的基础心态之一。

四、宽容的心态

宽容,是指宽大和容忍,是对某种失误、失态、错误给予理解、谅解和包容,不计较,不追究,不报复。宽容是一种修养、一种境界。美国著名作家亨德里克在《宽容》一书中写道:"从最广博的意义上讲,宽容这个词从来就是一个奢侈品,购买它的人只会是智力非常发达的人——这些人从思想上说是摆脱了不够开明的狭隘偏见的人,看到整个人类具有广阔多彩的前景。"

古希腊神话中有一位力大无穷的英雄叫海格力斯。有一天,海格力斯在山路上行走时,发现路中间有个袋子似的东西很碍脚,便踢了它一脚。谁知那东西不但没有被踢开,反而膨胀起来。海格力斯有点生气,想把它踩破,便狠狠地踩了一脚,谁知那东西不但没被踩破,反而又膨胀了许多。海格力斯恼羞成怒,操起一根碗口粗的木棒狠砸下去,那东西竟然加倍膨胀起来,最后大到把路堵死了。一位圣人路过这里,连忙对海格力斯说:"朋友,快别动它,忽略它,离开它远去吧!它叫仇恨袋,你不犯它,它便小如当初;你的心里老记着它,侵犯它,它就会膨胀起来,挡住你前进的路,与你敌对到底!"当人的心里装满仇恨和报复时,理智会离我们远去,从而带来更大的仇恨和更坏的结果。

宽容是中华民族的传统美德。传说古代梁国与楚国边境都种了很多瓜,梁人非常勤劳,经常给瓜秧浇水施肥,所以瓜秧的长势特别好。楚人既不给瓜秧施肥,也很少给瓜秧浇水,所以瓜秧长得又干又瘦。楚人忌妒梁人的瓜种得好,于是就趁天黑把梁人的瓜秧全都给毁了。梁人宽宏大量，不但没有报复，还在县令的带领下，夜间去给楚人的瓜秧浇水施肥，于是楚人的瓜秧长得一天比一天好。楚王听说后，以重金相谢，并表示以后长期修好，原本敌对的两个国家从此成了友好邻邦。

宽容并不是无原则的迁就，在需要以惩戒的方式来维护正义的时候，不能无原则地将宽容变成纵容。日常人与人之间的小矛盾，人与人之间的磕磕碰碰，需要以宽容的心去面对。宽容是人与人之间的润滑剂，能够化解矛盾，减少摩擦，降低损失。

宽容是汽车销售与服务人员学习礼仪时应当具备的基本心态之一。宽容就是少指责、少批评、少抱怨，宽容就是多赞美、多鼓励、多支持，宽容是因忍耐而提升的人格魅力。

宽容他人，就是善待自己。

项目二
汽车销售与服务人员仪容仪表礼仪

对汽车销售与服务行业来说，汽车销售与服务人员的仪容仪表有着非常严格的要求，当然根据不同企业文化的不同，会存在细微的不同要求。形象对于汽车销售与服务人员非常重要，如图2-1所示。因此下面首先介绍汽车销售与服务人员仪容的内容和基本要求，包括头发、妆容、面部护理、化妆技巧等内容；其次，介绍汽车销售与服务人员的着装原则及基本要求，包括西装、职业套装、领带及其他配饰等内容。

图2-1 仪容仪表

第一节　形象的社会心理学基础

《列子·说符》中讲述了这样一个故事："人有亡斧者，意其邻之子。视其行步，窃斧也；颜色，窃斧也；言语，窃斧也；动作态度无为而不窃斧也。俄而抇其谷而得其斧。他日复见其邻人之子，动作态度无似窃斧者。"

这个故事是说，有个人丢失了一把斧头，便怀疑是邻居的儿子偷走的。于是，他看邻居家的孩子走路的姿势像偷了斧子；脸上的神情也像偷了斧子；说话的腔调更像偷了斧子；总之，言谈举止，无一不像偷了斧子。不久，他在山沟里掘地，无意中挖出了自己丢失的斧子。再见到邻居的儿子时，觉得其举止态度，没有一点儿像偷斧子的人。

什么是形象？形象是人的容貌、表情、衣着、声音、仪态、态度、性格等给别人留下的一个总体的印象。

刊登在美国联邦政府《地区经济学家》（季刊）的一项分析报告指出，职场待遇好坏或多或少取决于外貌美丑。身材高挑、仪表出众、气质迷人，是职场春风得意的利器。研究者分析了圣路易联邦储备银行过去的调查及研究，发现俊男靓女确实比长相平平的同事更容易得到晋升，也更容易得到较高水平的工资。平均来说，长得丑，待遇低9%；长得漂亮，待遇则高 5%。体态臃肿的女性收入往往比体重标准者低了17%；玉树临风也占便宜，身高每多 2.5 厘米，薪资平均高了 2.6%。研究人员还援引记者葛雷德威尔的调查，结果显示高级主管身高比一般人多 7~8 厘米。虽然典型的美国男人身高为 1.75 米，但是葛雷德威尔的研究发现，1/3 的首席执行官是 1.85 米。这项研究表明，以貌取人是职场中的常态。

尽管以貌取人是一种非常普遍的社会心理现象，但它常常会使大家忽略掉岗位所最需要的品德素质和能力素质，因此，古今中外的智者们经常告诫大家不要以貌取人。

在汽车销售与服务行业，那些主要与人打交道的岗位，比如销售、售后服务、前台接待等职位对形象的要求比较高，但绝对取代不了优秀的专业素质、工作态度和个人能力，所有这些是一个汽车销售与服务人员的内在美，需要下更多的功夫去修炼。

既然在看别人的时候要尽量避免以貌取人，那么我们为什么还要学习如何提升自己的职业形象呢？

为了搞清这个问题，我们需要了解几个社会心理学当中的基本概念。

一、晕轮效应

当我们观察别人时，对对方的认知和判断往往只从局部出发，由局部扩散而得出整体印象，即常常以偏概全。一个人如果被标明是好的，他就会被一种积极肯定的光环所笼罩，并被赋予一切都好的品质；如果一个人被标明是坏的，他就被一种消极否定的光环所笼罩，并被认为具有各种坏品质。这就好像刮风天气的前夜月亮周围出现的圆环（月晕），其实呢，圆环不过是月亮光的扩大化而已。美国心理学家桑戴克把这一心理现象称为"晕轮效应"，也称"光环作用"（见图2-2）。

图2-2　晕轮效应

心理学家做过一个这样的实验：让被测试者看一些照片，照片上的人有的很有魅力，有的无魅力，有的介于中间，然后让被测试者在与魅力无关的特点方面评定这些人。结果表明，被测试者对有魅力的人比对无魅力的人赋予更多理想的人格特征，比如和蔼、沉着、好交际等。除容貌之外，服装、言谈等都可以产生晕轮效应。当我们在对不太熟悉的人进行评价时，这种晕轮效应会体现得尤其明显。

仅仅抓住并根据事物的部分特征，而对事物的本质或全部特征下结论，这样得出的结论是很片面的。因此，在社会交往中，当我们看别人时，应该注意提醒自己不要受晕轮效应的干扰，防止被局部和表面现象所迷惑。

当我们被别人看时，我们同样要防止晕轮效应的干扰作用。比如，当我们的衣着打扮看上去非常邋遢的时候，客户或老板会认为我们的工作也会做得拖泥带水。因此，我们需要防止"扫帚星效应"，即假如对方认为我们的某个品质很"坏"，就可能被一种坏的光环笼罩住，让对方认为我们所有的品质都很坏。这是一种消极品质的晕轮效应。对方没有时间或没有能力了解我们的全部品质，他们只能从我们具有的某一种品质去推断我们的其他品质。在这个过程当中，外在的形象是人们最容易看到的，因而成为别人判断我们的最常使用的"证据"。因此，在快节奏的现代社会交往中，外在形象已经变得非常重要。在社会交往当中，一副好嗓音、一手好字、一身得体的面试服装、富有特色的名片等都可以为我们带上美丽的光环。

二、首因效应

首因是指当人们第一次认知客体时，在大脑当中留下的第一印象。首因效应是指个体在社会认知过程中，通过第一印象最先输入的信息，对客体以后的认知产生的影响作用（见图2-3）。

图 2-3 首因效应

在社会交往当中,我们主要通过容貌、表情、姿态、身材、服装等外部的信息获得对对方的第一印象,这些首次获得的信息往往成为以后认知与评价对方的重要依据。

美国心理学家洛钦斯于 1957 年首次采用实验方法对首因效应进行了研究。他用文字来描述一个名字叫吉姆的人。第一段把他描述成一个开朗、外向、喜欢交际的人;第二段却把他描述成一个害羞、内向、不喜欢交际的人。然后,他将描述交给四个小组的人阅读。第一组按第一段到第二段的顺序阅读,第二组按第二段到第一段的顺序阅读,第三组只读第一段,第四组只读第二段。结果,洛钦斯发现各小组的人对吉姆的评价都是基于先读的那一段描述:第一组有 78% 的人认为吉姆比较开朗,第二组只有 18% 的人这么认为,第三组有 95% 的人也持有同样的观点,第四组则仅有 3% 的人对此观点没有异议。这个实验表明,产生首因效应的关键原因是信息输入的先后顺序——先入为主。

在人们日常的社会交往中,如果第一次接触留下了好印象,那么在彼此分开后的很长一段时间里此印象仍会保留在脑中;当双方第二次再相遇交往时,则会不由自主地按第一次形成的好评价的视角来认知评价对方。

另外,首因效应也会让我们在第一次交往时获取对方少量的信息之后,动用我们以往的知识、经验来对这少量的信息进行加工处理,从而自觉或不自觉地分析、综合、比较、推测对方的特点,形成总体评价。例如,我们说"这个人看上去像个经理",就动用了我们以往的经验——很多经理看上去都是这个样子,所以这个人看上去像个经理。

总之,当我们第一次接触到交往对象时,我们的仪容、仪表、仪态、谈吐等都会给对方留下好的或不好的第一印象,这个印象会影响到对方对我们总体的评价。汽车销售与服务人员随时都有可能和陌生人打交道,因此,随时保持完美的职业形象就显得非常重要!

三、近因效应

所谓近因效应,指的是在交往过程中最近一次接触给人留下的印象对社会知觉的影响作用。心理学研究表明,最先输入大脑的信息作用最大,而最后输入的信息也起着较大的作用。在人的知觉中,如果前后两次所得到的信息不同,但中间有一个无关事件把它们分隔开,那么后面的信息在形成总印象中起的作用更大,这种现象就是由于近因效应在起作用。前后两次信息之间的间隔时间越长,近因效应越明显。原因在于前面的信息在记忆中逐渐模糊,从而使近期信息在短时记忆中更为突出。

多年不见的朋友，在双方脑海中印象最深刻的画面常常是临别时的情景；一个同事总是让你生气，可是让你说说是怎么回事儿，你却可能说不出多少事实。这些都是近因效应的表现。

利用近因效应，在与客户分别时，给予对方良好的关怀和祝福，你的形象就会在他的心中变得完美，并且容易长久留存。

四、定型效应

生活中，人们都会不自觉地把人按年龄、性别、外貌、衣着、言谈、职业等外部特征归为各种类型，并认为同一类型的人有着共同的特点。在交往观察中，凡对象属于同一类型的，便用这一类人的共同特点去理解他们，这种现象叫作定型效应，亦称社会刻板印象。

当人们在见到一个人时，常常会根据这个人的外表、行为特征，结合自己头脑中的定型进行归类，以此来评价这个人。所谓"定型"是指在人们头脑中存在的关于某一类人的固定形象。人头脑中的定型多得数不胜数：不同年龄、不同职业、不同社会地位、不同籍贯、不同民族、不同性别的人，在人们的头脑中都有一个固定形象。例如，软件开发人员是瘦瘦的、戴着眼镜的白面书生形象，金融行业的人员则是穿着深色西服的保守形象等。

在社会交往当中，一定要注意这种定型效应，一个人的形象一定要与其职位在大众心中固有的刻板印象相符合。试想，如果一位银行客户经理留着长发，穿着花衬衫，看上去像一位富有创意的艺术工作者，那么客户敢把几百万元的资金托付给他来管理吗？

当然，定型效应也是一种使人产生偏见的社会心理效应，所以我们观察别人时，应当尽量克服这一效应给我们带来的消极影响，力求历史地、全面地、正确地认识我们周围的人和事，减少判断和决策的失误。

俗话说："爱美之心，人皆有之。"可见爱美是人的本性，是一种普遍的社会心理。企业挑选人才时，不仅希望应聘者在知识、技能方面充分胜任本职工作，同时希望其外表也能获取外界的青睐，衬托出本单位的良好形象，这本身也无可厚非。尽管说"人不可貌相"，但是，毕竟整洁的人要比邋遢的人看起来舒服得多。外表如果让人不舒服，多多少少都会对他人与之交往的意愿产生负面的影响。塑造良好的职业形象，是为了每天都能让看到我们的那些客户和同事们产生良好的感觉，这也是我们表示尊重对方的方式之一。

这里，我们还是要再一次强调：尽管外在形象非常重要，但是它绝不可以成为我们唯一的追求，形象是所有内在素质和外在素质综合起来所形成的。如果我们仅仅追求外表，就可能成为一个装着一包草的绣花枕头，经不起任何考验。试想，一位西装革履的先生，如果张口就骂人，他的形象又会如何呢？

第二节　皮肤的类型与日常保养方法

仪容，即指个人的五官容貌。容貌在很大程度上取决于先天遗传因素，但后天的修饰、美化作用同样不可忽视，所谓"三分长相、七分打扮"就是这个意思。仪容的自然美体现在五官端正、皮肤健康上。

一、皮肤的类型

皮肤是人体最大的体表器官，它覆盖全身，是人体抵御外界有害因素侵入的第一道防线，具有调节体温、吸收、排泄、分泌、免疫和参与代谢等多项生理功能。同时，皮肤也是人体最大的感觉器官和最引人注目的审美器官，传递着人体的美感信息，尤其是面部皮肤的健美，它是整个人体健美的一面镜子。

皮肤通常分为以下几种类型。

1. 干性皮肤

干性皮肤毛孔细小，表面几乎不泛油光，不易生面疱。眼部及口部四周容易形成表情纹，遇到寒冷干燥的环境易粗糙、脱皮或干裂。眼部、颈部易出现松弛现象。

保养要点：补充油脂，保湿。

2. 中性皮肤

中性皮肤看起来很健康且质地光滑柔嫩，有均衡的油分及水分，很少生面疱。无粗大的毛孔或过于油腻的部位。

保养要点：维持水油平衡。

3. 混合性皮肤

混合性皮肤看起来很健康且质地光滑，但T形区（额头、鼻子、下巴的区域）有些油腻，而两颊及脸部的外缘有些干燥。

保养要点：控制T形区的油脂分泌，消除两颊的干燥现象，保湿。

混合性肌肤在护肤时可考虑分区护肤的法则，对于干燥的部位除了更多补水保养，还可适当地选择一些营养成分较丰富的护肤品，而偏油部分则可以使用清爽护肤品。

4. 油性皮肤

油性皮肤的皮脂腺分泌很多的油脂，使皮肤看上去油亮，毛孔粗大，易生面疱，但不易产生皱纹，表皮较厚。

保养要点：控制油脂分泌，保湿。

5. 敏感性皮肤

敏感性皮肤表皮较薄，毛细血管明显，使用保养品时很容易过敏，出现发炎、泛红、起斑疹、搔痒等症状。

保养要点：适度清洁，不过度去角质，不频繁更换保养品，不使用含有致敏成分的化妆品。

二、日常皮肤保养方法

人的皮肤在不同季节、不同环境时其性质会发生一些变化，日常所用的护肤品也应当根据情况的变化做出适当调整。皮肤类型确认之后，就可以有针对性地选择护肤品了。

一般来说，日常护肤程序包括洁肤、爽肤、养护三个步骤，每天早晚各进行一次。

在脸上涂抹护肤品时的基本手法是：先用中指和无名指的指肚将护肤品（洁肤品）涂抹在额头、两颊、鼻头、下巴五处（五点法），然后用双手中指和无名指指肚将护肤品在脸部和脖子上边轻轻按摩边涂抹均匀。不要漏掉耳后的皮肤。手指的力量一定要轻柔，不要挤压出皱纹。

1. 洁肤

皮肤是人体抵御外界侵害的第一道防线，我们每天面临的灰尘、细菌和其他有害物质都可能附着在我们的皮肤上。皮肤具有吸收功能，如果不能定期进行清洁，任由这些有害物质或病菌长时间附着在皮肤上，那么，就有可能对我们的健康造成伤害。如果条件允许，应当勤洗澡、勤换衣。贴身穿着的衣服应当尽量选择纯棉、真丝等吸汗、透气的天然纤维面料，减少化学物质对皮肤的伤害。对于暴露在外的面部、颈部则要每天早晚各清洁一次。

正确的洗脸方法是：将洗面乳点在脸上，轻轻均匀涂抹于整个面部。如果使用固体洗面皂，应当先用清水将洗面皂蘸湿，用手轻轻搓出泡沫之后，再将泡沫涂抹在脸上。操作1～2次之后，用40℃左右温水将洗面乳冲洗干净，再用干净的毛巾将脸轻轻擦干。

洁肤品的品种花样繁多，但通常都可按照其使用对象不同而分为适合油性皮肤、中性皮肤、干性皮肤、敏感性皮肤使用的洁肤品四种类型。洗面乳是目前使用最普遍的一种洁肤品。针对中性皮肤和干性皮肤的洁肤品配方比较温和，洗完之后会觉得面部皮肤比较滋润；而针对油性皮肤的洁肤品配方中含油脂较少，洗完之后会觉得面部皮肤比较干爽。有的洁肤品在清洁肌肤的同时还可以补充水分和养分，具有滋润皮肤的功效；有的洁肤品具有卸妆、洁面合二为一的特点；还有的洁肤品含平衡油脂的成分，能使皮肤油脂分泌变得适中。

多数敏感性皮肤的人是因为遗传的缘故，皮肤先天就容易对特定的成分过敏，如金属、灰尘、花粉等。避免皮肤接触这些敏感物，不过度清洁，是敏感肌肤的保养重点。敏感性皮肤的人最好选择质地温和、不含皂基成分的洗面乳，产品中不能含有去角质的成分，也不能使用会使皮肤发热的洗面乳，对于磨砂膏、去角质剂等产品更应该敬而远之。为防止过度清洁，敏感性皮肤的人早上只需用温水洗面即可，晚上回到家后可用敏感性皮肤专用的洁肤品彻底清洁皮肤，而且注意不要频繁更换护肤品和化妆品。

脸上有暗疮的人应该特别注意，最好使用烧开后冷却到 40 ℃ 左右的温水洗脸，以减少细菌感染。

随着现代社交活动的发展，化妆已经成为时尚女性每日的功课。除以上洁肤品之外，如果每天化妆，那么还需要针对自己所使用的化妆品选择与之相对应的卸妆类产品，因为单一的洁肤品只能带走脸部的灰尘和脏东西，对于彩妆颜料的卸除还需要用专门的卸妆产品。例如，防水睫毛膏、不脱色口红以及眼部化妆品等都需要专用的卸妆产品才能彻底清洁干净。通常，卸妆步骤（详见本项目第三节）是在清洁步骤之前完成。敏感性皮肤不适于油腻的卸妆产品，最好使用乳液状的卸妆品。

2. 爽肤

使用洁肤品洗过脸之后，皮肤常常并没有真正洗干净，大多数洁肤品只能洗掉附着在皮肤表层的脏东西，因此，需要用化妆棉蘸上爽肤水（又叫作"化妆水"，有些含有天然保湿因子等美容成分的爽肤水又叫作"保湿水"），轻轻反复擦拭脸部，这样可以彻底地清除残留的有害物质和细菌。爽肤水是一种液态的护肤品，其成分中有 60% 以上是水分。除再次清洁皮肤之外，还能补充肌肤角质层中的水分，起到滋润皮肤的作用。另外，还能使之后使用的保养品易于吸收。

皮肤最外面 pH 值为 5.5（弱酸性）的皮脂膜（由皮脂、汗液等组成）能够抵御大多数的细菌与环境的侵害。这层膜十分脆弱，很多碱性洁肤品能够轻易地将自然的弱酸性环境破坏掉。而皮脂膜的再次形成需 5~8 小时，所以很多人由于选择了碱性洁肤品导致皮肤的保护功能下降，出现很多皮肤问题。使用 pH 值为弱酸性的爽肤水，能够把皮肤的 pH 值也调整为弱酸性，恢复皮肤自然的防御功能。

选择爽肤水时同样要考虑自己皮肤的状况，选择适合自己的爽肤水。爽肤水的种类繁多，有的加入了保湿剂和营养物质，特别适合干性皮肤和中性皮肤；有的是专门用来卸除淡妆或用于化妆前的脸部清洁；还有的专门针对油性皮肤而设计，用后感觉格外清爽舒适。敏感性皮肤的人在选择爽肤水或其他护肤品之前，一定要先将样品涂抹在耳后皮肤或手腕皮肤上，保留 24~48 小时，如果没有发生异常反应（如发炎、泛红、起斑疹等）才能放心使用。

3. 养护

人体的主要成分是水，水分补充不足，会直接影响人的皮肤。人体皮肤表层的皮脂膜能够防止水分的过度流失。干性皮肤需要适当补充油分并强力补充水分；中性皮肤重点是保湿；油性皮肤尽管皮脂腺分泌旺盛，但也常常处于干燥缺水的状态，因此在适当控制油脂分泌的同时还要保湿。我们应当针对自己皮肤的属性选择适合自己皮肤的乳液或面霜来滋润和保护皮肤，使皮肤的油分和水分达到均衡的理想状态。

乳液与面霜的涂抹方法是：先将乳液或面霜点在脸上，再将其轻轻均匀涂抹于整个面部。

除基本的面部皮肤护理之外，还需要对眼部进行特殊的护理。其方法为：将眼霜直接挤在左手中指上，在眼睛四周轻轻点按，让眼霜充分吸收。按摩能够促进血液循环，延缓皱纹的产生，也可以预防眼袋和黑眼圈的产生。

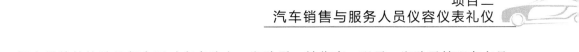

很多品牌的护肤品都会同时有爽肤水、润肤露、精华素、眼霜、润肤霜等配套产品，如果这几种产品都要使用，那么应当按从稀到稠的顺序依次使用。

外勤岗位的人员经常要在户外活动，脸部皮肤不可避免地会经常暴露在阳光下。适量接触紫外线对人体是有好处的，但过量的紫外线对皮肤会有较大伤害。除了要使用遮阳帽、遮阳伞等防晒用品保护皮肤，还应使用防晒护肤品来保护皮肤。防晒护肤品的防晒功效要看两个指标。

（1）SPF：SPF 是 Sun Protection Factor 的英文缩写，是针对中波紫外线（UVB）的防晒指数。SPF 值越高，保护皮肤的时间越长。一般黄种人的皮肤平均能抵挡阳光 15 分钟而不被灼伤，如果使用 SPF15 的防紫外线护肤品，便有约 225 分钟（15 分钟×SPF15）的防晒时间。日常上下班、外出购物、逛街时可选用 SPF 值为 5～8 的防晒护肤品，外出游玩时可选用 SPF 值为 10～15 的防晒护肤品，游泳或做日光浴时可选用 SPF 值为 20～30 的具有防水功能的防晒护肤品。

（2）PA：PA 是 Protection of UVA 的英文缩写，是针对长波紫外线（UVA）的防晒指数，以"+"来表示防御强度。它的防晒护肤功效强度是以"+""++""+++"三种符号来标示的，"+"号越多，针对 UVA 的防晒护肤效果就越好。

购买防晒护肤品时，要同时看这两个指标，并且考虑是否需要具备较强的防水功能。在购买之前，还应当先在自己的手腕内侧试用一下，如果出现红、肿、痛、痒等不适反应，则应另选其他品牌的防晒霜。

敏感性皮肤的皮层较薄，防晒护肤品的成分也容易造成皮肤过敏，因此最好不用含化学成分的防晒护肤品，而选用物理成分的防晒护肤品，这样可以减少防晒护肤品本身对皮肤的刺激。

在使用精华液之类高浓度的护肤品时，用纯净水稀释到正常皮肤用量的一半时最为妥当。

在挑选护肤品之前，要仔细阅读说明书，看清楚产品生产许可证编号、生产日期、使用期限、成分组合、使用对象、使用步骤等质量控制标准之后再购买。如果该产品加入了某些特殊成分，要先将样品涂抹在耳后皮肤或手腕皮肤上做过敏试验，24～48 小时之后无过敏反应再使用。

如果皮肤已经出现问题，一定不要自行解决，应当请正规医院的医生诊治。已经长满面疱的皮肤，应当停止使用所有保养品，立即到正规医院治疗好后再进行正常的护肤。皮肤发生过敏反应后，同样应当去正规医院治疗，以免造成难以挽回的后果。

季节的变换会带来气候的变化，温度、湿度都会相应改变，肌肤的水分状况与皮脂分泌状况也会随之改变。中性皮肤到了冬季可能会变成干性皮肤，而干性皮肤到了冬季会变得更干。干性皮肤的人，从干燥的北方出差来到湿润的南方，皮肤有可能变得趋于中性皮肤。因此，针对皮肤的情况进行保养上的改变是非常必要的。

第三节　日常修饰的方法与仪容礼仪

拥有健康的皮肤之后，就需要审视我们的五官了。

五官端正，是指五官布局合理，即符合中国传统的"三庭五眼"（见图2-4）的比例。其中，"三庭"是指上庭、中庭和下庭。

（1）上庭：从额头发际到两眉头连线之间的距离。

（2）中庭：从两眉头连线到鼻头底端之间的距离。

（3）下庭：从鼻头底端到下颌（下巴尖）的距离。

理想的比例是上庭：中庭：下庭=1:1:1，即三者长度相等。

"五眼"是指：

（1）左太阳穴处发际至左眼眼尾的长度。

（2）左眼长度。

（3）左眼内眼角至右眼内眼角的长度。

（4）右眼长度。

（5）右眼眼尾至右太阳穴处发际的长度。

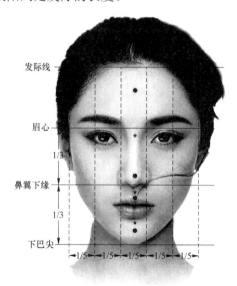

图2-4　三庭五眼

理想的比例是这五者长度相等，即从左太阳穴发际到右太阳穴发际之间的横向连线长度正好是五只眼睛的长度，并且均匀分布。

大家思考一下便会发现,"三庭五眼"与西方的"黄金分割"的比例在原则上是一致的。学者们曾对一些世界公认的俊男靓女的容貌进行了分析,结果表明,其共同特点便是符合这种"黄金分割"的比例。这也是我们修饰容貌的理论基础。

一、发型修饰

良好的职业形象需要有庄重的发型。它既要整洁、漂亮,又不可过于前卫。要得到最佳的效果,就必须考虑自己的脸型、发质、个性、工作方式以及交往对象。最好请专业发型师,根据你的具体情况为你设计。去理发时,应当清楚地告诉理发师你的职业和身份,如果方便的话,可以穿一身日常上班穿的服装(或者穿与上班服装有相同风格的衣服)去理发。

在换发型之前,还需要考虑早上你可以有多长时间用在梳理头发上。如果你每天早上整理发型需要花费10分钟以上,那么最好放弃它,选择另外一种便于打理的发型会更为妥当。

1. 女士发型

女士的发型样式很多,应当特别注意与脸型搭配,我们来看看发型师们的建议。

(1) 长脸型。长脸型适合将头发留至下巴,留点刘海儿或两颊头发剪短些都有减少脸的长度而增加宽度的效果。也可将头发梳成饱满柔和的形状,顶部应伏贴,前发宜下垂,两侧的发量要适当增加,这样可以使脸有较圆的感觉。总之,自然蓬松的发型能给长脸人增加美感;优雅可爱的发式可以缓解由于脸长而形成的严肃感;将头发做成卷曲波浪式也可增加优雅的感觉。

(2) 方脸型。方脸型适宜头发向上梳,轮廓应蓬松些,圆形的头发轮廓可以削弱方脸型的刚毅感觉。不宜把头发压得太平整,耳前发区的头发要留得厚一些,但不宜太长,避免留齐至腮帮的直短发。也可将头发编成发辫盘在脑后,这样可以减弱别人对脸部方正线条的注意。前额不宜留齐整的刘海儿,也不宜全部暴露额部,可以用不对称的刘海儿遮挡宽直的前额发际线,同时又可增加纵长感。

(3) 圆脸型。圆脸型常会显得孩子气,所以发型不妨设计得老成一点,应增加发顶的高度,使脸形稍稍"拉长"。也可将头发侧分,短的一边向内略遮一侧脸颊,较长的一边可自额顶做外翘的波浪,这样可"拉长"脸型。要避免面颊两侧的头发隆起,否则会使颧骨部位显得更宽。也可选择侧分垂直向下的发型,直发的纵向线条可以在视觉上减弱圆脸的宽度。圆脸型不宜留刘海儿。

(4) 椭圆脸型。椭圆脸型是女性中最完美的脸型,采用长发型和短发型都可以,但应注意尽可能把脸显现出来,突出这种脸型协调的美感,而不宜用头发把脸遮盖过多。

(5) 三角形脸型。三角形脸型的人在梳理头发时要将耳朵以上部分的发丝蓬松起来,这样能够"增加"额部的宽度,从而使两腮的宽度相应"减少"。避免留齐至腮帮的直短发,否则会增加腮部的宽度感。

(6) 倒三角形脸型。倒三角形脸型适合选择侧分头缝的不对称发式,露出饱满的前额,发梢处可略微粗乱一些,以增加甜美的感觉。

（7）菱形脸型。菱形脸型适宜将额上部的头发拉宽，额下部的头发逐步紧缩，靠近颧骨处可设计一种大弯形的卷曲或波浪式的发束，以遮盖凸出的颧骨。

盘发在我国已有三千多年的历史。在唐代和清代，盘发技巧达到了很高的水平。

由于盘发造型丰富美观，并且可以用各种朴素或靓丽的头饰来点缀，既可以显得漂亮、华丽，也可以显得庄重、典雅。根据女士年龄、脸型、服装和身份不同，可以采用各种不同的盘发样式。

方脸型和圆脸型梳理各种盘发都很好看，如高盘花朵、盘鬏、卷盘发型，或低盘花朵、扭辫、编束发型等都可以。而长脸型则不适合高盘发型，适合低盘发型，比如花篮结、梅花结、蝴蝶发型、"8"字发型等。

女士上班应当避免佩戴过于艳丽的头饰，这与职业形象不符。日常上班应当选择一些自然色或深色的发饰，它们的功能是帮助维持头发的整齐。那些耀眼或可爱的发饰更适合在舞会、酒会或休闲场合佩戴。发带与工作场所也不太协调，会给人以天真和没有经验的感觉。如果想显得更加成熟和庄重，则应避免长及背部（肩胛骨以下）的披肩发型、顽童式短发、学生式马尾辫。

2. 男士发型

男士留短发比留长发更易被接受。不超过耳朵中部的鬓角看上去更精神。

男士发型的一般要求是：头发前不掩额，侧不掩耳，后不触及衣领，并且面不留须。长发容易被认为具有叛逆性或作风懒散（这或许是大众的偏见），但如果从事与艺术有关的工作则更容易被接受。

不管梳什么发型，最重要的规则就是干净和整齐。大多数发型至少要 6~8 周修理一次。如果头发长得快的话，4~6 周就需要修理了。

二、女士日常面部修饰的方法

女士在工作中应当着淡妆，这是社交礼仪的基本要求，也表现了一种良好的心态和对工作交往对象的尊重。化妆有一定的技巧，需要反复学习与练习才能熟练掌握。

1. 化妆前的准备工作

（1）先观察自己面部皮肤的状况。在中午时，观察自己面部皮肤符合下列哪种状况：

① 干燥，暗淡；

② 清新，既不油亮也不暗淡；

③ 在 T 形区内有些油腻；

④ 大部分脸部出现油光或油腻。

如果你选①，那么应准备与你自身皮肤颜色最接近的粉底霜；如果选②或③，那么应准备与你自身皮肤颜色最接近的粉底乳；如果选④，那么应准备与你自身皮肤颜色最接近的干湿两用粉饼（如果要使自己的脸部更富有立体感，可以同时再准备一种比自身肤色暗一些的粉底以及一种比自身肤色亮一些的粉底）。

（2）准备与你自然的头发颜色最接近的、带有眉毛刷的眉笔。

（3）准备与你的眼珠颜色最接近的眼线笔。

（4）准备一支口红。这支口红的要求：在没有化妆的情况下，涂上这种颜色的口红后，你的脸马上显得容光焕发、充满朝气而又不显得唇部过于鲜艳并引人注目。口红的质量应当比较好，不含铅等有害成分。涂上5分钟以后用面巾纸轻压唇部以吸除多余的口红，附着在唇上的口红应当不易脱色。

（5）准备一个简易的多色眼影盒、腮红以及颜色与你的头发颜色相似的睫毛膏。

（6）准备化妆工具：距离30厘米远的时候能够照到整个脸的镜子；修眉专用的小剪子（眉剪）、剃眉刀；卷睫毛用的睫毛夹；眼影刷或海绵眼影棒；腮红刷。

（7）面对镜子，分析自己的五官比例、脸型及面部立体结构。

2. 日常上班妆的化妆步骤

（1）涂粉底。用化妆专用海绵蘸取粉底，在额头、脸颊、鼻子、唇周和下颌等部位，采用印按的手法，由上至下，依次将底色涂抹均匀。如果想要使脸部显得更加富有立体感，可以根据自己脸部的结构，在希望"高起来"或"扩张变大"的部位使用颜色较亮一些的粉底，在希望"低下去"或"收缩变小"的部位使用颜色暗一些的粉底。各部位要衔接自然，不能有明显的分界线。在鼻翼两侧、下眼睑、唇部周围等处可用海绵的边缘进行细节处理（在上粉底之前，应使用遮瑕膏，它能修正、遮盖黑斑与黑眼圈及其他不均匀之处。用手指蘸取少量遮瑕膏，轻轻使用在有缺陷的部位。每个人的皮肤都不是完美的，在开始化妆之前，必须保证面部的基底色是没有瑕斑的）。

（2）修饰眉毛。眉毛在脸上并不是最起眼的，但是它们却给脸上的表情确定了基调：喜悦的或愁苦的，文雅的或充满活力的。选择适合自己的眉形，用眉笔画好之后，用眉剪将过长的眉毛剪短，并将目标眉形范围之外的多余杂毛剔除。眉毛必须时常修剪。如果不修剪只画眉，其结果可能会"越画越乱、越描越黑"。反之，如果修剪有序，即使来不及化妆，脸部看上去至少是清清爽爽的。

步骤一：利用剪刀来做修剪。先用眉笔将想要的眉形画出来，然后用眉剪将超出眉形上方的杂毛全部剪掉。顺着眉形修剪每根眉毛的长度，这样可以使眉毛显得更加整齐，而不会显得参差不齐、杂乱无章。眉毛的生长周期比较长，剪的时候一定要有耐心，要一点儿一点儿的剪，因为一旦剪多了就不容易修复了。然后以水平的方式来修剪眉下的杂毛。用眉毛刷先将所有的眉毛往下梳，过长的部分就以水平的剪法来做修饰。

步骤二：用剃眉刀将杂毛根部剃干净，确保完全清除杂毛。

步骤三：正确描绘眉形。画眉毛首先要注意的就是下笔不要太重。眉的颜色从眉头至眉峰要由淡至浓，从眉峰向眉尾又轻轻淡化，颜色自然消失在眉尾。眉尾应当延长到正确的位置上（上唇中点、鼻翼外侧点、眼尾、眉尾最好在一条直线上）。

步骤四：用眉刷刷眉，使其看上去柔和自然。

（3）修饰眼睛。先扫上眼影，然后描眼线，最后再涂上睫毛膏。因为眼影通常要有一番晕染的工夫，容易沾染。如果先描眼线，眼线便会被弄花。睫毛液也容易沾染，而且较难清洗，所以最后再涂。

① 抹眼影。在眼睑上使用眼影的目的是增加眼睛的立体感，使眼睛看上去更大、更亮。眼影的颜色和涂抹区域因人而异，没有一定之规。在选择眼影的颜色时，要注意与自己的肤色及服装颜色相协调，平时一定要仔细斟酌，反复练习。

② 画眼线。眼线可以改变眼睛轮廓的形状，具有很强的修饰效果。眼睛向下看，用眼线笔沿上眼睑睫毛根部描画上眼线。画下眼睑的眼线时，眼睛朝上看，由外眼角向内眼角描画。下眼线的长度通常不超过外眼角至内眼角总长度的三分之一。眼线有铅笔眼线和液体眼线之分，相对来说，液体眼线有明显的增大眼睛的作用，也比较难画，通常只用在上眼睑。而铅笔眼线可用在上、下眼睑。

③ 刷睫毛膏。使用睫毛膏可以使眼睛看上去变大，而且是最简单、容易的一步。

步骤一：夹睫毛。眼睛向下看，将睫毛夹夹到睫毛根部，使睫毛夹与眼睑的弧线相吻合，夹紧睫毛3秒钟左右。然后将睫毛夹夹在睫毛的中部，顺着睫毛上翘的趋势，夹3秒钟左右后松开。再将睫毛夹移至睫毛的尖部，夹2秒钟左右，形成自然的弧度。不要只在睫毛中央夹一下，这样夹出来的会是一个不自然的"V"形。

步骤二：刷睫毛膏。刷上睫毛时，眼睛向下看，睫毛刷由睫毛根向下向外刷。刷下睫毛时，眼睛向上看，先用睫毛刷的刷头横向涂抹，再由睫毛根部向外刷。

（4）涂口红。涂口红时，应从上唇着手，先涂唇的内侧，然后涂外侧。除了描嘴角，一直要闭着嘴，否则不小心口红就会沾在牙齿上。

（5）刷腮红。面对镜子，找到脸颊的最高处，或者对着镜子微笑，从最凸起的地方开始刷腮红。腮红的作用是增色，创造出脸部的立体感。

3. 卸妆的方法

（1）眼部的卸装方法。眼部的皮肤比较脆弱，而眼部化妆又最为复杂，在卸妆时需要将眼影、眼线、睫毛膏全部彻底清除干净。

卸妆重点：防水眼线、防水睫毛膏及眼影。

使用产品：眼部专用卸妆油（卸妆乳或凝露）。

步骤一：用化妆棉蘸卸妆液轻敷在眼皮上3秒钟，同时用中指与无名指沿眼部弧度轻轻按压，使卸妆液慢慢溶解眼部彩妆。

步骤二：把棉片对折，用棉片外缘轻轻包住睫毛2～3秒钟，顺着睫毛生长的方向卸除睫毛膏。

步骤三：握住棉片，用中部洁净的部分，右眼顺时针方向，左眼逆时针方向，轻轻擦除眼影。要避免过度拉伸眼部皮肤，以免产生细纹。

步骤四：将蘸有卸妆液的棉棒沿睫毛根部，轻轻擦掉眼线及细微的眼部彩妆残留物。

（2）唇部的卸装方法。唇部彩妆也需要彻底卸除。长时间清洁不彻底，容易造成唇部色素沉着、脱皮、唇色黯淡等后果。

卸妆重点：防水唇膏。

使用产品：专门用于卸除防水唇膏的唇部专用卸妆液。

步骤一：用柔软的纸巾放在双唇中间，轻轻按压双唇，将唇部表层彩妆去除。

步骤二：用指尖取适量卸妆乳，以打圈按摩的方式在唇部进行深层清洁。

步骤三：用化妆棉沿唇部轮廓，将残余彩妆和卸妆乳轻轻擦拭干净。

（3）面部其他部位的卸妆方法。除眼部和唇部之外，面部还有大量粉底、腮红等彩妆需要卸除。将卸妆品倒于掌心，分别涂于额头及左右脸颊、下颌，再将卸妆品涂抹均匀，并轻轻按摩。待粉底及污垢溶入卸妆品后，用温水将脸上的卸妆品仔细冲洗干净，或用纸巾轻轻擦去。

用卸妆品清洁后，脸上残余的部分污物要用洗面乳再次清洗干净，并继续完成后续护肤程序。

三、男士日常面部修饰的方法

男士在日常工作中，一定要保持面部干净，给人以清爽、健康、干练之感。很多男士平时因为不注意使用正确的护肤方法，导致面部产生了很多诸如面疱、粉刺、痤疮等皮肤问题。男性皮肤的表皮层要比女性的皮肤表皮层厚30%～40%，皮脂分泌量也比女性的高40%～70%，所以多数男性的皮肤都会呈现出较为油腻的状态。男性皮肤的弹性要比女性皮肤的弹性好，所以不容易产生细纹。可是一旦产生皱纹，其皱纹会比女性的皱纹更深、更宽，会显得特别苍老。因此，男性的皮肤保养与女性一样不容忽视。

男士判断自己皮肤类型的方法：早晨起来以后，用纸巾涂拭额头、鼻侧和鼻头，如果纸巾上面很油，说明是油性皮肤；如果纸巾上的油是星星点点的，那么这样的皮肤在男性当中就偏干了。男士应当针对自身的特点，使用男性专用的护肤品。男士日常面部修饰的操作方法，主要由以下三个步骤组成。

1. 清洁

男性的皮肤油脂分泌旺盛，皮肤酸度较高，毛孔显得比女性粗大，皮肤看起来也比较粗糙。因为皮脂分泌多，所以要特别注意保持皮肤清洁，每天早晚都应当使用适合自己肤质的洁面产品来清洁皮肤。

干性皮肤、中性皮肤及敏感性皮肤的男士应当使用性质比较温和的洁面用品，中性至油性皮肤的男士则应当选用去油的深层洁面用品。洗脸时先挤出适量的洁面乳于掌心，分别涂于两边面颊、鼻尖、前额及下巴；然后耐心地轻轻按摩面部，彻底清除污垢。如果使用的是香皂，则应先将香皂润湿，在手掌上搓出丰富泡沫，然后将泡沫分别涂于两边面颊、鼻尖、前额及下巴上，再轻轻按摩面部，彻底去除污垢。油性皮肤的男士还要重点清洁额头、鼻子和下巴等区域的皮肤，可以在这些部位多做一些轻柔的按摩。

无论用哪种类型的洁面产品，最后都应当用温水冲洗干净，之后用毛巾将脸轻轻擦干。

2. 修面

男士应于每天早上修面一次，晚上只要在睡前完成清洁和润肤步骤即可。如果要去赴宴或参加舞会，可于临行前再修面一次。国外曾经有调查显示：77%以上的男士认为他们的合作伙伴和妻子更喜欢修面后的男士，79%的女士也表示了同样的喜好；88%的男士认为修面后给人的印象更为深刻，70%的女士说修面后的男士更加迷人、有魅力。脸部清爽、干净利落的男士，在现代社会的社交场合当中，更容易获得别人的好感。

修面之前首先要选择剃须工具。剃须工具有两大类，一类是电动剃须刀，还有一类是刀片剃刀。

（1）电动剃须刀。如果你的皮肤是敏感性皮肤，或者脸上爱起痤疮，或者你不喜欢、不擅长使用刀片剃刀，可以选择电动剃须刀。电动剃须刀一般不会刮破皮肤，对皮肤的刺激也比较小。使用电动剃须刀比较方便，但要注意洗完脸之后，应待脸部比较干燥、紧绷时再刮，此时胡子会很容易伸进剃须刀里。如果脸是湿的，或者脸上有汗，不仅很难刮好，还会刺激皮肤。

（2）刀片剃刀。双层刀片的剃刀可以干净彻底地剃去所有胡须。使用这种剃刀需要经常更换已磨损的刀片。使用刀片剃刀剃须前，应先用中性肥皂洗净脸部，再将热毛巾敷在胡须上，或涂抹软化胡须膏，使胡须软化。过一会儿，再涂上剃须膏或皂液，以利于刀锋对胡须的切割，同时减轻对皮肤的摩擦。剃须时，应当绷紧皮肤，以减少剃刀在皮肤上运行的阻力，并可防止割破皮肤。

剃须完毕用温水将脸洗净后，可用热毛巾继续敷脸几分钟，之后再进行润肤操作。

注意：运动前后不要剃须，因为此时身体会大量出汗，刺激刚刮过胡子的皮肤，产生烧灼感。剃须对皮肤有一定的刺激，并且易使表皮受损，所以剃须后应注意皮肤保养。

3. 润肤

清洁皮肤、修面之后，男士应使用适合自己肤质的润肤产品。男士专用润肤品（包括须后水等）的香味通常极其淡雅，甚至没有香味，质地一般也很轻薄。

干性至中性皮肤的男士可选用能深层滋润皮肤的、含有修护成分的润肤品，油性皮肤的男士宜选用清爽保湿、不油腻的润肤品。

涂抹时动作要轻柔，不要用力太大。先从面颊开始往外涂抹，然后再涂抹面部的其他区域。

四、仪容礼仪

1. 女士仪容礼仪

（1）既不可不修边幅，也不可浓妆艳抹。准备一个日常随身携带的小化妆包，里面应当至少有一支口红、一支眉笔以及修眉剪、修眉刀和一个化妆镜（最好附双色眼影），这样就可以应对日常工作的社交场合了。

（2）不可借用他人的化妆品及化妆工具。化妆用品如同内衣一样是属于私人用品，如果互相借用，很容易传播疾病。借用别人的化妆用品时，别人可能会碍于面子不拒绝你，但此举极易引起对方的反感。

（3）不可当众化妆。当众化妆是非常失礼的，容易让别人误解（以为你不务正业）。如果需要补妆，应当到洗手间或无人处进行。

（4）不要对别人的妆面品头论足。在化妆风格的审美方面，大家会各有所好，你不喜欢的可能别人会喜欢，反之亦然。如果对别人的妆面说三道四、评头论足，会让对方难堪继而反感,同样是失礼之举。

2. 男士仪容礼仪

在社交场合,如同女士必须化妆一样,男士必须修面,并保持发型整齐。

男士一般不留胡须,每天上班前要养成修面的习惯。对于长有络腮胡子的男士来说,选穿白色衬衫可使脸部看上去更干净,而蓝色衬衫会将脸上的阴影衬托得更为明显。不要忘记将外露的鼻毛和耳毛用专用的剪子修剪掉,必要时可以请家人帮助完成。

如果眉毛过于杂乱、过于浓密或延伸得太长,可以考虑修剪一下。可以用专用的剪子和镊子自己修剪,也可以找专业的美容师或理发师帮助你完成。

第四节 仪容整洁

仪容整洁与个人卫生及个人行为密切相关。如果一个人不注重个人卫生,或者在公共场合为了自己的清洁而污染环境,很难想象这个人在别人的眼里能够保持"整洁"的形象。

社会卫生事业与社会经济状况有着紧密的联系。随着经济的发展,社会对于个人卫生习惯的要求也越来越高。良好的卫生习惯是保持整洁与健康的基础,也是维持正常人际交往的前提条件。试想,当一个"仪表堂堂"的人走过来时,你闻到的是因为很久不洗澡而产生的浓烈的体味,这时你可能出于礼貌而并没有躲开,但与他谈话时恐怕很难不被酸臭的味道而分散注意力。随时随地保持个人形象的清洁整齐,能够拉近人与人之间的距离。仪容整洁涵盖了很多琐碎的小节。所谓"小节",是指非原则性的琐细小事。小节虽小,造成的结果却不一定小。所谓"千里之堤毁于蚁穴",小小的蚂蚁穴也能毁坏千里长的大堤坝!老子说:"天下难事,必作于易;天下大事,必作于细。"做难事要从简单的事做起,做大事要从细小的事做起,要想礼仪得体,千万不要忽略小节。

一、个人卫生要求

(1)勤洗澡,勤换衣,避免产生过于浓重的体味。洗澡可以全面清洗身体的污垢,加快体内某些废物的排泄,促进全身的血液循环,提高抗病能力,并且帮助我们消除疲劳,增进睡眠。在有条件的地方,夏季可以每天洗一次,即使在寒冷的冬季,至少也应当每周洗一次。

不洗澡的日子里,晚上要认真洗脚。脚是人体重要的组成部分,必须认真保护并随时保持清洁。洗脚可以清除脚上的污垢,还能消除疲劳,提高睡眠质量。毛巾、脚盆都应当专人专用,以免传染脚气等疾病。洗脚的时候如果发现脚指甲过长,应当立即修剪。

内衣、外衣经常保持整洁,特别是衣领、袖口要干净。

袜子每天都应更换、清洗。

(2)注意眼角、耳窝、耳后、鼻孔、脖子等细节的卫生,洗脸时不要漏掉这些地方。洗脸毛巾用后最好晾在通风向阳处,每天用开水烫泡一次,或用水煮沸10分钟消毒。

毛巾和脸盆是传染沙眼和红眼病等疾病的媒介,不要与他人互相借用。

(3)保持头发干净整齐,头发上不可以有灰尘、头皮屑,也不可以有异味。个人应当根据自身头发的具体情况,选择合适的洗发、护发产品,定期护理头发。平时可以随身携带梳子备用(放在比较隐蔽的地方,不要与公务物品放在一起)。

要注意,梳理头发应当避人,可以在洗手间梳理,不可以在办公室等公共场合进行。

（4）每天剃须。男士每天要认真清理胡须，保持脸部洁净，外出参加社会活动时应事先剃须。

（5）保持口气清新，及时清除残留在口腔里的食物残渣，以免产生口腔异味。每天早上起床后和晚上睡觉前按时刷牙，其中睡觉前的刷牙更为重要，可以有效防止细菌在口腔内繁殖。每日三餐后应坚持漱口。

由于消化系统疾病而产生的口腔异味应当去医院诊治。

工作时间避免食用生葱、生蒜等气味浓烈的食品。

（6）饭后要去洗手间照镜子，检查面部和衣服上是否沾有食物碎屑并及时清理。

（7）鼻子是重要的呼吸器官和唯一的嗅觉器官，又处在面部中央，因而其清洁与否不仅影响健康，对容貌也有极大的影响。如果患有鼻炎或鼻窦炎容易流鼻涕或鼻塞，要及时擦洗，并积极治疗。如果鼻毛太长并伸出鼻孔，应当用专用剪刀修剪。

不随地擤鼻涕、吐痰，而应使用纸巾，并将用过的纸巾扔进垃圾箱。

不要对着别人咳嗽、打喷嚏、打嗝，而应当背对别人并以手或面巾纸遮掩口部。

（8）勤剪指甲，指甲缝中绝不可以残留污垢。女士在社交场合应当选择颜色淡雅的指甲油。指甲油如果出现局部剥落，应当及时清理、修整。

剪指甲、涂指甲油等工作都应该私下进行，不可以当着别人的面做。

（9）经常用肥皂或洗手液洗手，能够有效地减少疾病在公共场所的传播。饭前、大小便后、外出归来或者接触脏东西后都要洗手。

（10）剔牙齿、掏鼻孔、挖耳屎、搓泥垢等，这些行为都应该避开他人进行。否则不仅不雅观，也是不尊重他人的表现。

（11）与人谈话时应保持一定距离，声音不要太大，更不要对人口沫四溅。

（12）把垃圾装进袋子再丢进垃圾桶。不乱丢垃圾，保持环境清洁。

（13）有病的时候不要参加外事活动。感冒等疾病容易传染给别人，西欧、北美等地区的人对患有感冒却参加公共活动的人比较反感。

（14）正式场合和半正式场合不可以嚼口香糖。吃过的口香糖一定要包在纸里再扔进垃圾箱。

二、香水的使用

随着时代的发展，香水已经成为整体化妆的组成要素之一。在社交场合可以适当使用香水，以体现个性与品位。但是，如果香水使用不当，就会造成对周围环境的"空气污染"。使用香水应当注意：

（1）避免使用廉价的劣质香水。使用劣质香水还不如不用。如果同时使用其他芳香型化妆品，应当注意香型的调和与统一。

（2）使用香水时，一定要注意选用较为淡雅的香水。有些人对香料过敏，有些人可能并不喜欢你所使用的香味类型，因此，你所用的香水的味道最好不要太浓烈，以至于别人"无法逃避"。在空气不易流通的空间内，如会客室、电梯间、小轿车内，尤其应当注意香味的浓度。一般来说，在社交场合使用香水，应该使别人在距你一米之内能够闻到，一米之外几乎闻不到，这样才不失礼。

万一你不小心涂抹了太多香水，可以用水冲洗，或者用湿毛巾擦拭，这样可以减轻香味。如果衣服质料许可的话，可用棉花蘸酒精轻擦衣服，以达到去味的目的。持久型香水较难处理，需要将衣服放在通风处，才可以尽快淡化香味。

（3）在一些重要场合（如第一次会见大客户或招聘、应聘时），如果不了解对方的香味喜好，最好少用或不用香水。

（4）参加宴会时要控制使用香水，以免对其他人的嗅觉系统造成干扰，让其他人无法正常享受美味佳肴。在宴会上如果想使用香水，应当涂抹在腰部以下的位置。进食时，口和手等部位绝对要避免涂抹香水。

（5）去医院看病或探视病人不要使用香水，以免对医生和病人造成干扰。

（6）与他人品茶时不可使用香水。

（7）参加丧葬活动不可使用香水，因为使用香水与穿华丽的衣服具有相同的意思。

（8）参加舞会时可以大胆使用富有个性的香水。

（9）香水最好不要抹在容易出汗的地方（如发际、腋窝、脊背、膝弯等处），尤其是麝香等动物性的香水掺杂体臭或汗水后，香味可能会改变，产生令人不舒服的味道，不宜大量洒在身上。易被太阳晒到的暴露部位、易过敏的皮肤部位以及有伤口的部位也不宜涂抹香水。

如果要使香水的香味容易散发，可以抹在脉搏离皮肤比较近的地方，如手腕、耳根、颈侧、膝部、踝部等处。

香水还可以抹在衣服的某些部位上，例如内衣、衣领、口袋、裙摆的内侧，以及西装上所用的插巾袋的下端。抹在这些地方既不会污损面料，又容易扩散香味。

（10）香水所使用的香料对外界物质非常敏感，要小心保存。首先要注意容器的密封性，每次使用后须将盖子盖好，这样可以避免香精成分蒸发，也可以防止香水氧化变质。香水不可置于阳光直射的地方，否则香味及颜色都会发生变化。

（11）不要在他人面前涂抹香水。隔一段时间之后，香水的香味会变得较淡，因此需要再度补用。补香水虽很简单，但是同样需要避人，在别人面前涂抹或喷洒香水是种轻浮与缺乏修养的表现。

 小知识

1. 香精（Parfum）。浓度为15%～25%，香气持续5～7小时，适合夜晚外出、晚会等隆重正式的场合使用。

2. 浓香水（Eau de Parfum）。浓度为10%～15%，香气持续5小时左右，适合白天的会面或外出使用。

3. 淡香水（Eau de Toilette）。浓度为5%～10%，香气持续3～4小时，适宜上班或与他人进行工作交往时使用，也适用于日常生活。

尽管法国香水最为有名，但是历史最久的香水却是德国的科隆香水。香港人按照粤语的发音将其翻译成"古龙香水"，这个名字为更多的中国人所知。

科隆香水最先在 1709 年由移居德国的意大利人在德国的科隆推出。后来，科隆人威廉·米伦正式成立了此种香水的专卖店，店址在科隆的古隆肯大街上。

1794 年，法国军队攻进德国科隆，因为德国的街名和店名比较复杂，难以记忆，所以法军命令科隆大街小巷的所有住户、店铺一律以阿拉伯数学重新命名编号，这家小的香水店正好是"4711"号。法国士兵很喜欢这种香水的味道，称之为"科隆之水"，纷纷购买带回法国。店铺主人顺势将店铺改名为"4711 店"，并将"4711"作为所售香水的商标，由此，4711 科隆香水成为世界著名品牌香水。因为 4711 科隆香水广受欢迎，所以其他品牌的科隆香水也陆续被推出，但仍以"4711"最为著名。

今天的科隆香水常泛指一类香水，其特征为：香精含量在 3%～5%，所用乙醇浓度在 60%～75%。与浓香水、香精、其他淡香水相比，科隆香水属于最清淡风格，非常适宜汽车销售与服务人员在工作场合使用。

第五节 职业服装品质的基本要素

仪表，是指一个人的外表。我们这里要谈的"仪表"，重点在于职场人员的着装问题。在前面的学习中，我们分析了形象的社会心理学基础。对于个人形象而言，着装占据着非常重要的地位，应当认真对待。

服装在人类社会的历史发展过程中曾经起着严格的"标识"作用。对于分属各个阶层、团体的人群，其服装及装饰物有严格区分，同时在法律上也予以规定。

在我国古代，官服的颜色、图案都必须按照规定来穿，乱穿衣者必被治罪。如果有人胆敢把只有皇上能穿的龙袍穿在身上，必定引来杀身之祸，甚至连九族都会跟着遭殃。《左传》曰："服美不称，必以恶终。"

服装除能够标明社会地位之外，还能够标明社会职业。例如，看上去一尘不染的白色厨师帽配上洁净的厨师服装，让人们觉得这个厨师具有一流的专业水准；而国际约定的绿色邮政服装与医生们通常所穿的白大褂，也让人们立刻就能分辨出哪位是邮政员，哪位是医生。

除此之外，服装还能够标明个人所属之团体及信仰派系、个体在社会活动中所担任的角色等。

人们早已经发现：商品的包装常常能够"说服"人们去购买商品，尤其是当两种商品的品质不相上下时，情况更是如此。例如在购买手机时，很多人会因为外观设计不合心意而放弃购买某种内在性能优越的手机。

商品包装之所以重要，是因为当人们无法通过实际使用去判断商品的品质时，往往会通过商品的包装（外观）来判断商品的内在品质。当你面对社交场合的交往对象（尤其是陌生的交往对象）时，具有职业风范的衣着会清楚地表明你对自己的看法（穿着一丝不苟的人通常自信而沉着）及你对对方的看法（他对你究竟有多重要）。汽车销售与服务人员本身并不是商品，但是，显而易见的事实是，客户在深入了解你本人之前，他只能通过你的"外表"来判断你的"品质"。试想，一个连纽扣都扣错的人，客户会放心地将大额支票交给他吗？

塑造职业化的仪表——为成功而着装，能够帮助我们以更快的速度、更顺利地到达成功的彼岸。

判断职业服装是否具有优良的品质，需要考虑以下三个要素。

一、面料

面料,是指由同种或不同种的纤维纺织或编织而成的织物。纤维的种类繁多。取自动植物的纤维(如棉、真丝、羊毛和亚麻)是天然纤维,而涤纶、锦纶、腈纶、氨纶等人工合成的纤维称为合成纤维。天然纤维与合成纤维混合织成的面料称为混纺面料。

使用天然纤维织成的面料,如纯棉、真丝、纯羊毛面料都很耐穿。由于这些面料吸水性好、透气性好,所以穿在身上很舒服。但纯棉、亚麻、真丝面料都有易皱的缺点,纯羊毛面料如果洗涤不当,容易缩水(最好干洗)并易摩擦起球。

合成纤维具有不易起皱、易于保养等优点,但其最大的弱点是无法"呼吸",也就是说,无法吸收水分,导致人体排出的水分(汗液)不能顺利地挥发到空气中去。即使它们有时"吸收"了水分,也仅仅是停留在面料的表面,所以,完全由合成纤维织成的面料穿在身上,热天会觉得黏糊糊的,冷天又会觉得凉飕飕的。

由天然纤维与合成纤维混合织成的混纺面料能够集不同纤维的优点于一身。例如,棉与氨纶混纺面料集中了棉的舒适和氨纶的弹力大、不易皱的特点,而羊毛与涤纶混纺的面料集中了羊毛的垂感、舒适与涤纶的结实、耐穿的优点。

常见服装面料的种类及特性

一、按照面料的材质分类

1. 棉布:是各类棉纺织品的总称。它多用来制作时装、休闲装、内衣和衬衫。其优点是轻松保暖、柔和贴身,吸湿性、透气性好。其缺点是易缩、易皱。

2. 麻布:是以大麻、亚麻、苎麻、黄麻、剑麻、蕉麻等各种麻类植物纤维制成的布料。其优点是质地坚韧、粗犷、硬挺、凉爽、吸湿性好,是理想的夏季服装面料。其缺点是穿着不太舒适,外观较为粗糙。

3. 丝绸:是以蚕丝为原料纺织而成的各种丝织物的统称。它的品种很多,形态各异。其优点是轻薄、合身、柔软、滑爽、透气、色彩绚丽、富有光泽、高贵典雅、穿着舒适,大多用于制作女士时装。其缺点是易生褶皱、容易吸身、不够结实、褪色较快。

4. 呢绒:又叫毛料,它是对用各类羊毛、羊绒织成的织物的泛称。其优点是防皱耐磨、手感柔软、高雅挺括、富有弹性、保暖性强,是制作正规、高档的职业服装的常用面料。其缺点是洗涤较为困难。

国际羊毛局为了保持天然优质纤维的身份,于1964年设计了由三个毛线团组成的"纯羊毛标志"(见图2-5),凡纯羊毛制品达到国际羊毛局制定的诸如强力、色牢度、耐磨、可洗性等品质要求,经该局核准,可使用"纯羊毛标志"。纯羊毛标志已成为国际市场上闻

图 2-5 纯羊毛标志

名的纺织标志。

5. 皮革：是经过鞣制而成的动物毛皮面料。可以分为两类：一是革皮，即经过去毛处理的皮革；二是裘皮，即处理过的连皮带毛的皮革。其优点是轻盈保暖、雍容华贵。其缺点是价格昂贵，储藏、护理方面要求较高。

6. 化纤：是化学纤维的简称。它是利用天然的或合成的高聚物为原料，经化学和机械方法加工制造而成的纤维，通常分为再生纤维与合成纤维两大门类。其优点是品种多样、色彩鲜艳、各具特色。其缺点是耐热性、吸湿性、透气性较差，遇热容易变形，容易产生静电。它虽可用以制作各类服装，但总体档次不高。目前，一些新型的化纤面料在某些方面已经有了很大改进。

7. 混纺：是将天然纤维与化学纤维按照一定的比例混合纺织而成的织物。它可用来制作各种服装。其特色是既吸收了棉、麻、丝、毛和化纤各自的优点，又尽可能地避免了它们各自的缺点，而且在价格上相对较为低廉，所以很受消费者喜爱。

二、按照面料的纺织方法分类

1. 机织（梭织）：经纱与纬纱相互垂直交织在一起形成的织物。其基本组织有平纹、斜纹、缎纹，机织面料即是由这三种基本组织及由其交相变化的组织构成。其优点是结实、挺括。其缺点是贴身穿着时不够舒适。

2. 针织：用织针将纱线或长丝构成线圈，再把线圈相互串套而成，针织物的线圈结构特征使其具有较好的弹性。针织面料适宜制作休闲装、运动装和内衣。其优点是柔软、舒适。其缺点是不够挺括，容易变形。

3. 非织造物：由纺织纤维经黏合、熔合或其他机械、化学方法加工而成。常用于特殊用途。

辨别面料质量优劣的常用方法有：

（1）高质量的面料织线紧密、均匀，手感厚实、细腻，外观精美；质量不好的面料手感稀薄、僵硬，外观粗糙。将面料对着光源观察，劣质面料可见织线稀薄或不均匀，面料各处厚薄不一，这样的面料穿在身上会发皱，拉不平。

（2）用手紧紧抓住面料5秒钟后松手，看面料上的褶痕是否会很快消失。如果很长时间（几分钟后）不消失，说明面料易皱。这样的面料穿在身上，膝部、肘部等地方极易出褶且不能自动平复。

（3）用手指捏住面料轻轻摩擦，不应出现粉状灰尘。如果出现粉状灰尘，说明面料上浆过多，而过多上浆常常是为了掩饰面料缺陷。

（4）把两块面料的正面贴在一起轻轻摩擦，如果起球说明质量不佳。高质量的面料不易起球。

（5）将面料与丝袜（或毛衣）轻轻摩擦，若摩擦后面料与丝袜（或毛衣上的纤维）相吸，则说明该面料易起静电。这样的面料（衣物）最好别买，因为穿在身上既不舒服又不雅观。

二、做工

服装的做工是指服装在缝制过程中的工艺水平。做工不好的服装，穿着不久就会出现纽扣脱落、缝线开脱等质量问题。常用检验方法有：

（1）将上衣对折，上衣前面两块对襟的长度应一样。

（2）衣领应当平展、左右对称、无皱褶（见图2-6）。

图2-6　领口的做工

（3）衣服的口袋不能使衣服表面拱起或起皱。

（4）衣服的衬里应当与服装面料协调，衣服穿在身上时衬里应平展、宽松，便于身体活动。

（5）垫肩左右对称，穿在身上从外面不应看出垫肩轮廓；肩与袖接缝处不能有皱褶，不能看出针脚；袖窿宽窄适宜，袖窿太窄影响臂部活动，而太宽则影响美观。

（6）衣服上所有的接缝应平展，针脚平直，不能歪歪扭扭；布料边缘应干净利落，衣袖、裤管边缘平直。

（7）纽扣精致、美观、缝纫牢固；纽孔锁边密实、整齐；拉链上下拉动时平滑、无障碍。

（8）如果是条纹、格子图案的衣服，其肩部、领子、口袋、接缝处的图案必须对齐。

小知识

服装外观的质量要求

1. 门襟顺直、平展、长短一致；里襟不能长于门襟；有拉链唇的应平展、均匀、不起皱、不豁开；拉链不起绺；纽扣顺直均匀、间距相等。

2. 止口（门襟外边沿）丝缕顺直、不反吐、左右宽窄一致（特别要求除外）。

3. 开衩顺直、无搅豁。

4. 口袋方正、平展，袋口不能豁开。

5. 袋盖、贴袋方正平展，前后、高低、大小一致；里袋高低、大小一致，方正，平展。

6. 领豁口大小一致，驳头平展，两端整齐；领窝圆顺，领面平展，松紧适宜；外口顺直不起翘，底领不外露。

7. 肩部平展、肩缝顺直、两肩宽窄一致；拼缝对称。
8. 袖子长短一致；袖口大小、宽窄一致；袖襻高低、长短、宽窄一致。
9. 背部平展、缝位顺直；后腰带水平对称，松紧适宜。
10. 底边圆顺、平展，橡筋、罗纹宽窄一致，罗纹要对准条纹车缝。
11. 各部位里料大小、长短应与面料相适宜，不吊里、不吐里。
12. 车缝在衣服外面两侧的提花织带、提花背带及两边的花纹要对称。
13. 填充物平展、压线均匀、线路整齐、前后片接缝对齐。
14. 面料有绒（毛）的，要分方向，绒（毛）的倒向应整件衣服同向。
15. 热封条平整、不起皱、黏合牢固。
16. 面料上的格子和条纹在接缝处要对准。

三、是否合身

一件合身的衣服意味着这件衣服看上去长短肥瘦都正合适，就像是专门为你量身定做的。合身的衣服会使你感觉舒适，而且看上去富有魅力。

要顺利选择到合身的衣服，首先要知道自己身体的确切尺寸。

具体量身方法是：

（1）身体自然站直，用软的卷尺测量。

（2）胸围：卷尺绕胸部最宽厚处一周的长度。

（3）腰围：卷尺绕腰部最细处（自然腰际线）一周的长度。

（4）臀围：卷尺绕臀部最宽厚处一周的长度。

我国服装目前使用的号码：上衣是以身高/胸围（单位：厘米）、裤子/裙子是以身高/腰围（单位：厘米）标识的。如女上装 165/84 是指适合身高 165 厘米、胸围 84 厘米的女士穿着。这种标识方法使用起来十分方便。

因为生产厂家不同、设计款式和风格不同，而人的体形又千差万别，所以在选择衣服时不能只看服装的号码，如有可能一定要试穿。试穿时不要只是站在原地，应当抬抬胳膊、走两步、试着蹲一下，体验一下是否舒适、美观。站立时如果衣服出现非设计上的横向、纵向或斜向的皱褶，说明衣服太大、太小或有做工、质量问题。合身的衣服穿在身上平整、伏帖，既适合身体的曲线，又不限制身体的活动。

最后需要提醒大家注意的是：衣服的生产环节非常烦琐，比如原材料中的棉、麻在种植过程中，为了预防或消灭害虫及植物病毒会使用杀虫剂，为了增加产量还会使用化肥。在收获的时候，农药或各种化学残留物都会残留在棉花纤维和麻纤维当中。在储存这些原材料时，因要使用五氯苯酚等防腐剂、防霉剂，又增加了有害的残留物。在衣料的生产过程中，还要使用氧化剂、催化剂、阻燃剂、去污剂、荧光增白剂等化学物质。所有这些物质，如果直接接触皮肤，有可能被皮肤直接吸收，继而对人体产生毒害。在挑选衣服的时候，一定要看清衣服的标志、厂商的名称和地址、衣服规格、成分含量、洗涤方法以及产品合格证等，以免买到劣质产品。另外，挑选衣服时还要闻闻味道，如果衣服散发出刺激的异味，就说明甲醛等有害物的残留量比较高，最好不要购买。

在穿新衣服前，尤其是那些直接接触皮肤的衣服，最好先仔细清洗。不能水洗的衣服，也应当打开包装晾晒1~2天。

拿到干洗店干洗完的衣服，应当挂在通风处，让衣物上的干洗剂挥发掉，然后再穿。

第六节 职业服装审美的基本要素之一：色彩

在前面一节我们探讨了决定服装品质的要素，在接下来的几节当中我们要探讨的是职业服装审美的三要素——色彩、款式和饰品。

我们生活在一个色彩斑斓的世界当中，尽管我们有的时候并没有意识到某些颜色的存在，但是这些颜色一直都在悄悄地影响着我们对世界的感受。无论一幅图画、一种产品，还是一个人，色彩在第一印象当中往往占据着很大的比重。

有人曾经做过一个实验：一个人从远处走来，首先进入观察者眼帘的是服装的色彩，然后才是人的轮廓、面目，接着才是衣服的款式、花纹和其他饰物。

色彩能立即吸引人的注意力，比图形、形态更具功效，而且有效距离更远。因此，塑造成功的职业化仪表，首先要准确把握服装色彩。

一、关于色彩的几个基本概念

1. 色彩三要素

所有色彩都具有三个基本的要素：色相、明度和纯度。

（1）色相：又叫色名，是指色彩的名称。色相的作用是区分不同的色彩。十二基本色相（按光谱顺序）为：红、橙红、黄橙、黄、黄绿、绿、绿蓝、蓝绿、蓝、蓝紫、紫、紫红。这些都称为"有彩色"，而黑、白、灰称为"无彩色"。

（2）明度：指的是色彩的明暗强度。明度高的色彩感觉比较明亮，而明度低的色彩感觉比较灰暗。例如，浅黄色的明度要比墨绿色的明度高。

（3）纯度：又叫彩度，是指色彩饱和的程度，或指色彩的纯净程度。纯度降低是因为颜色中加入了黑、灰或白，浊色感觉增强，因而不再鲜艳。拿正红来说，有鲜艳无杂质的纯红，有如"凋零干枯的玫瑰"般的深红，也有较淡薄的粉红。它们的色相都相同，都是红色，但纯度不同。纯度越高，颜色越艳；纯度越低，颜色越涩、越浊。纯色的纯度最高。

2. 配色三要素

色彩通常并不单一存在，选择合适的色彩进行恰当的搭配，能够产生更好的视觉效果。

（1）光学要素：包括明度、色相、纯度。

（2）存在条件：包括面积、形状、肌理、位置。

（3）心理因素：包括冷暖感、进退感、轻重感、软硬感、朴素感或华丽感。

色彩依明度、色相、纯度、面积、材质、冷暖等要素的不同而不同，而色彩间的对比调和效果则更加千变万化。因此，我们需要了解人们对于不同色彩的心理感觉，如表2-1所示。

表 2-1 色彩带给人的心理感觉

色相	正面的心理感觉	负面的心理感觉
红色	积极、热诚、温暖、前进、热烈、朝气、活力	警告、危险、禁止、着火、流血、侵略、残忍、骚动
橙色	温暖、活泼、热情	警戒、刺眼
黄色	明亮、活泼、阳光、喜悦、光彩、乐观	警告、嫉妒、挑衅
绿色	清爽、理想、希望、生长、和平、平衡、和谐、诚实、富足、肥沃	贪婪、猜忌、厌恶、毒药、腐蚀
蓝色	沉稳、理智、准确、秩序、忠诚	忧郁、疏远、压抑、寒冷、无情
紫色	细腻、温存、女性化、神秘、浪漫	不稳定、偏见、傲慢
褐色	古典、优雅、亲切	无个性、平庸、陈旧
白色	纯洁、无私、善良、信任、高级、科技	寒冷、平淡、严峻
黑色	权威、高贵、稳重、庄严、执着	压抑、忧郁、沉重
灰色	柔和、高雅、科技、沉稳、考究	沉闷、呆板、僵硬

二、职场服装色彩搭配注意事项

（1）因为"人的知觉在根本上就具有单一化和统一化的倾向"，因此"造型艺术中单纯的形和单纯的色最具感召力，能使效果更集中、更强烈、更醒目，也更容易记忆"。在职业服装的用色当中，忌多、忌杂。通常，服装用色不应超过三个，并且要以其中一种作为主色，另外两种作为点缀色。点缀色的面积一般比主色小，且明度越高，面积应越小。

（2）深蓝色、深灰色和黑色套装（指上下装颜色一致、面料一致的成套穿着的服装）搭配白衬衫，是商务场合最常见的搭配方法。这种搭配方法能够产生更多的权威感，提高着装者的可信度。

对于男士来说，深蓝色或深灰色西服套装加白衬衫，几乎可以应对绝大部分正式场合。黑色在西方为男士礼服用色，黑色西服套装通常用于婚礼、葬礼以及大型颁奖典礼等极为隆重的场合。

对于女士来说，穿黑色套装能够体现更多的时尚品位，可以用于一般的正式场合。

（3）服装色彩是服装感观的第一印象，恰到好处地运用色彩的进退感、轻重感、软硬感，可以起到掩饰身材的不足、突出身材优点的作用。例如，身材上轻下重的形体，可以选用深色轻软的面料做成裙装或裤装，以此来削弱下肢的重量感。

（4）如果日常工作活动的场所是办公室，那么应当多使用低纯度的色彩作为主色。低纯度的色彩给人以谦逊、宽容、成熟的感觉，易于营造沉静和谐的气氛，让大家能够专心致志、平心静气地工作。办公室通常空间比较有限，低纯度的色彩还可以减少拥挤感。

另外，纯度低的颜色还易于搭配，利用率比较高，在购买高档的职业服装时尤其要注意这一点。

（5）相同的色彩在不同质地的纺织品（或皮革等）衣料上会产生不同的效果，在天鹅绒面料上显得高雅华丽的颜色，在涤纶面料上可能就显得毫无吸引力。面料的种类繁多，有起绒织物、化纤织物、丝织物或毛织物等，粗与细、厚与薄、无光与闪光、光滑与毛绒、挺括与柔软，每种织物各自有其独特的色彩效果。在购买服装时，除了要考虑色彩，还要考虑面料的质感美，将色彩美与质感美巧妙组合起来，增加服装的立体韵味。

有一位女士十分喜爱浅米色，拥有好几套款式不同的米色衣服。可是，当她穿着她最爱的衣服出门时，常常有人会问她"你最近脸色不好，是不是太累了？"之类的问题。

大家知道，我们的皮肤是有颜色的，仔细比较不难发现，有些人皮肤偏黄，有些人皮肤偏红。同样是两个肤色较白的人，一个白得热情，一个白得冷静。同样长着黑眼睛、黑头发的一群人，仔细比较一下便又会发现：有的人瞳孔接近于黑色，而有的人瞳孔却是浅褐色！头发颜色亦是如此。当你用同一种颜色的布料衬托两张不同的脸时，有一张脸显得丰润、年轻，连脸上的皱纹、黑眼圈、斑点等似乎都隐没在焕发的光彩里，让你忽视了它们的存在；而另一张脸却在这种颜色的衬托下黯然失色，脸色发黄、发灰，皱纹、黑眼圈、斑点明显可见，看上去似乎不是生了病就是熬了夜。同样，在两种属性不同的颜色的衬托下，一种颜色会使你的脸显得精神焕发，而另一种却使你看上去萎靡不振。

自己喜欢的颜色并不一定适合自己，找到适合自己的颜色十分重要。

目前流行的"四季色彩理论"将生活中的常用颜色按照其基调的不同划分为四大组，由于各组颜色的特征恰好与大自然的四季色彩特征相吻合，故分别命名为"春""夏""秋""冬"。其中，"春"与"秋"属暖色系，"夏"和"冬"属冷色系。

传统观念认为，绿色、蓝色为冷色系，红色、黄色为暖色系。而新的色彩理论认为，当红色中加入了黄色时，这种偏黄的红色（如砖红）属于红色调中的暖色系；而当红色中加入了蓝色时，这种偏蓝的红色（如紫红）属于红色调中的冷色系。同理，黄绿色属于绿色调中的暖色系，而蓝绿色则属于绿色调中的冷色系。

四季色彩理论

一、春天

春天（见图2-7）阳光明媚，草木冒出黄绿色的新芽，满山遍野的桃花、杏花、樱花竞相开放，到处都是明亮、鲜艳、轻快的颜色。

图 2-7 春天

春季型人的特征：
1. 皮肤：浅淡透明的象牙色。
2. 眼睛：明亮有神、浅棕黄色眼珠。
3. 头发：柔软的棕黄色。
春季型人适合的典型色彩：清新的黄绿色、杏色、亮金色、浅棕色、浅鲑肉色。

二、夏天

夏天（见图 2-8）的新绿已经变成了浅正绿色，阳光照在海面上，周围是一片雾蒙蒙的、浅浅淡淡的水蓝色，一切看起来朦胧和梦幻。

图 2-8 夏天

夏季型人的特征：

1. 皮肤：细腻而白净、面带冷玫瑰色色晕。
2. 眼睛：眼神柔和、深棕色或黑色眼珠。
3. 头发：柔软的棕黑色。

夏季型人适合的典型色彩：淡蓝色、蓝灰色、薰衣草紫、粉红、浅正绿。

三、秋天

秋天（见图2-9），树林的叶子慢慢变成金黄色，地上铺满了枯黄的落叶，金灿灿的麦穗长满四野，世界的色彩华丽、厚重、浓郁。

图2-9 秋天

秋季型人的特征：

1. 皮肤：匀称的深象牙色，皮肤不易出红晕。
2. 眼睛：深棕色的眼珠和沉稳的眼神。
3. 头发：偏黑的深棕色。

秋季型人适合的典型色彩：橙色、金色、褐色系、橄榄绿、芥末黄、兔色、深棕色等。

四、冬天

冬天（见图2-10）的色彩有着鲜明的对比。白雪覆盖的大地与黑色的树干以及漫漫无尽的黑夜都鲜明地存在，人们拿着大红大绿的礼物准备过年。一切看起来都显得对比、纯正、饱和。

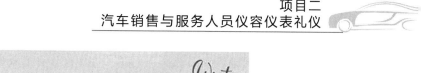

图 2-10 冬天

冬季型人的特征：

1. 皮肤：青白的小麦色或土褐色。
2. 眼睛：眼神锋利、黑色眼珠。
3. 头发：乌黑浓密。

冬季型人属于冷色系里的重型人。

冬季型人适合的典型色彩：银灰色、纯黑色、深紫红、海军蓝、玫瑰粉色。

如果你明显符合春、夏、秋、冬其中一组的特征，那么你可能就是属于这个类型。如果你无法分辨，还可借助图 2-11 所示进行判断。

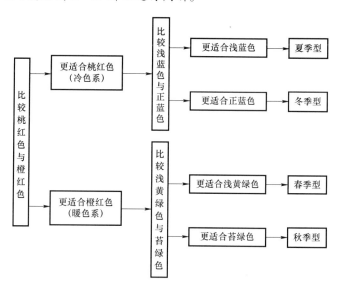

图 2-11 四季类型判断参考

如果你仍然无法判断自己的色彩属性，建议你去请教专业色彩顾问。虽然会因此花一些咨询费，但如果因为选错颜色而不得不将一些衣服及饰品扔掉，二者相比，花少量咨询费还是值得的！

鉴别出自己的色彩属性后，可以参照表2-2选择颜色。

表2-2 四季色彩属性与适合颜色参考

色彩属性	春	夏	秋	冬
红色系中可选的颜色	清新的橙红	清新的正红	橙红	正红
粉红色系中可选的颜色	清新的珊瑚色、浅杏桃色、浅鲑肉色	所有的粉红系	珊瑚色、杏桃色、鲑肉色	桃红、鲜艳的粉红、冰粉红
橙色系可选的颜色	清新的橙色系	无	所有的橙色系	无
黄色系中可选的颜色	清新的柠檬黄，柔和的带金黄色调的黄	粉彩的柠檬黄	所有带金黄色调的黄	正黄、冰黄
棕褐色系中可选的颜色	任何浅且柔和的棕褐色系，如淡棕色、骆驼色、金褐色	带玫瑰色、烟灰色的棕褐色系，如可可色，灰褐色	所有的棕褐色系	黑褐色
绿色系中可选的颜色	清新的黄绿色系	各种不鲜艳的蓝绿色系	浓郁的暖绿色，如黄绿色、橄榄绿、杉叶绿	正绿、鲜艳的蓝绿、深绿、冰绿
蓝色系中可选的颜色	各种清新的蓝、紫蓝	任何蓝色，只要不过于鲜艳	浓郁的紫蓝，绿蓝	任何鲜艳的蓝，如正蓝、宝蓝、水蓝、冰蓝以及海军蓝
紫色系中可选的颜色	清新的、偏黄的紫色系	粉紫、淡紫或不鲜艳的深紫	浓郁的、偏黄的紫色系	任何鲜艳的紫、冰紫
黑色系中可选的颜色	可将黑色作为点缀色	烟黑色	铁灰色	黑色
白色系中可选的颜色	牛奶白及较浅的象牙白	牛奶白	任何带有黄调的白，如象牙白、米白色	纯白
金色系中可选的颜色	亮金色	无	所有金色	无

第七节 职业服装审美的基本要素之二：款式

职场人士的衣装美除色彩之外，另外一个重要的因素就是款式了。选择不同的款式可以体现出着装者不同的态度，比如严肃的、轻松的、严谨的、随意的、职业的、休闲的、中性的、性感的、端庄的和亲切的等。

汽车销售与服务人员在选择衣着款式时主要应当考虑以下几点。

一、符合行业风格、公司风格和岗位风格

不同的行业其着装风格各有不同，金融业、法律业、公务员的着装相对保守，而广告业等与艺术相关的行业着装却要求有更多的时尚与创意。同样属于IT行业，IBM公司与微软公司的着装要求又各有不同。即使是同一家公司，不同岗位之间的着装要求也会有很大差别，人事、营销、财务等常常与内部客户或外部客户打交道的部门，要求着装更为保守和正式。

服装的风格体现着企业文化，如果一个人的着装风格（引申为行为风格）不能与企业文化相吻合，那么他（她）在这个企业当中可能很难"如鱼得水"——用通俗的话来讲，叫作"物以类聚，人以群分"。如果你搞不懂究竟应当穿什么，那么，仔细观察你的上司，和他（她）的风格一致即可。

二、选择与场合相对应的风格

所谓"场合"，是指由一定的时间、地点、人员等构成的某种环境。上小学的时候，老师讲过"时间、地点、人物"是记叙文的三要素。职场人员在选择服装款式（包括色彩与饰品）的时候，同样先要想清楚所选择的衣服将要在什么时间、什么地点、见什么人的时候穿。即使是世界著名时装设计师设计的晚礼服，你要是穿着它挤公共汽车，恐怕也很难有人说你"形象高雅迷人"。当然，这种极端的例子很少发生。但是在正式场合穿休闲装的却大有人在，在旅游休闲时又穿了正式的西服套装的也大有人在。

如果你穿着旅游鞋进写字楼、穿着高跟鞋登长城，那么你在让别人不舒服的同时也让自己受了苦。自己受委屈倒也罢了，麻烦的是你的工作会受到影响！客户西装革履地坐在那里，而你却一袭布衣草鞋地坐在他对面，除非你是卖布草鞋的，否则除了布衣草鞋类的东西你恐怕都很难销售给他。当然也会有例外，假如客户很清楚你拥有与爱因斯坦一样聪明的大脑，那么他一定不会在意你如爱因斯坦一般不修边幅的外表。但问题是，在客户或上司没了解你的内涵之前，你可能就已经被当成是卖草鞋的人而被他们草草打发了——你满

脑子了不起的想法很可能没有机会讲给他们听了！

如果公司没有统一的制服，那么一定要先根据时间、地点、交往对象以及自身所属的行业、公司、岗位因素做综合考虑，然后再决定自己的着装风格。专业的服装设计师们每年都会发布新的色彩与款式流行趋势，服装款式的各个细节每年都会发生一些变化，这给大家提供了更多的创意素材。

汽车销售与服务人员在工作与生活当中的主要交际场合有：正式场合、半正式场合、休闲场合、商务酒会、晚宴、运动场合以及家居场合等。下面列出了与场合对应的一般着装规律，让我们了解一下不同的场合穿什么样的衣服比较妥当。

（一）正式场合

汽车销售与服务人员的正式场合指的是商务谈判、重要的商务会议、求职面试等正规、严肃的场合。

1. 男士

（1）西服。男士在正式场合通常穿正式的西服套装（上下装面料相同、颜色相同）。最常使用的西服套装颜色为深蓝色和深灰色（见图2-12）。深蓝色或深灰色西服套装搭配白衬衫，是社交场合男士的必备服装。

图2-12 男士西服套装

西服面料应当尽量选择高档面料，以100%羊毛面料为首选，羊毛含量很高的混纺面料次之。

西服分为三种基本的款式，即美式、意大利式和英式。美式西服一般是单排扣、直筒式、带小垫肩，上衣后部下摆的中间开一个衩；意大利式西服非常贴身，垫肩较厚，上衣下摆一般不开衩；英式西服顺应身体曲线，在腰部稍微收紧，肩部柔软、稍垫肩，上衣下摆两侧开衩。

此外，其他国家的西服也有各自的特点。日版的西服一般不收腰，而欧版西服一般都收腰，日版西服的后衣身长度要比欧版西服短1厘米左右。

目前国内几家著名西服生产厂家的西服款式与型号都是根据中国人的体型设计的，很符合一般中国人的身材。

按照纽扣风格的不同，又可将西服划分为单排扣和双排扣两种类型。双排扣西服适合运动员体型（宽肩、细腰、窄臀）的男士穿着，比单排扣西装更显热情与活力。但是在选择这种双排扣西服时，应考虑周围是否有人穿这种样式，以免显得太出众（太时尚或者太落伍）。双排扣西服通常有4粒或6粒纽扣，半数以上为装饰性纽扣。

单排扣西服常见的有2粒扣（见图2-13）和3粒扣。3粒扣西服更严肃一些，2粒扣西服更潇洒一些。这两种西服扣纽扣时，最下面的一个纽扣都不要扣上。对于3粒扣西服来说，或者扣住上面2粒，或者只扣中间1粒，你觉得哪种扣法更好看就用哪种。非正

图2-13 单排扣西服

式场合全都不扣也可以,但要注意把衣角拉平。

西服有许多口袋,如何利用这些口袋是很有讲究的,以下是一些参考意见。

上衣内胸袋:可放袖珍记事本、信封式钱包、一支钢笔。

上衣外胸袋:只能放条真丝手帕(装饰手帕,不能用来擦脸)。

上衣外侧袋:名片夹、便条(每天晚上要取空),此外什么也不要放,否则口袋鼓鼓的很不难观。

边裤袋:零钱、小串钥匙、手帕。

后裤袋:一个小钱包(假如看上去太鼓,则应放在上衣内胸袋里)。

刚买来的西服如果袖口上缝有商标,应当将商标拆除后再穿。

(2)领带。领带是西服套装不可缺少的配件。100%优质真丝面料制成的领带是职场男士的首选,它具有轻、柔、细腻、光泽度好的特点,打出的结比较漂亮。领带在平放时应该很平滑,垂下时应该很直、不扭曲。

挑选时应拿起领带,仔细检查有无织造、制作、染色、印花瑕疵,尤其是大头一端30厘米以内必须整洁无瑕疵、平整不扭曲。用手在领带上攥一下再松开,观察面料是否很快复原,长时间不复原的领带弹性差、易起皱。

领带的宽窄要和西服翻领的宽窄相协调,也要和你的体形相协调。瘦小的人不要戴过于宽大的领带,魁梧的人也不要戴细细小小的领带。

领带有多种打法,常见的两种打法如图2-14和图2-15所示。

图2-14 交叉结打法

图2-15 温莎结打法

领带系好后,站立时其尖端应该落在腰带扣上下缘范围内,看上去最为稳定、美观,如图2-16所示。

正式场合西装内通常不穿毛衣或毛背心，可以配穿西装背心，此时领带应当放在背心里面。

天热出汗时可拿掉领带，松开领口。不可将松开的领带继续挂在脖子上，此形象极为不雅。

如果使用领带夹，扣上西装扣子时领带夹不能露出。

领带的花色（见图2-17）可根据不同爱好、不同场合进行选择。正式的场合中领带花色应该庄重、保守。纯黑色领带（黑色无花纹）只用于参加葬礼。不规则大型图案的领带以及卡通、人物、花卉图案的领带通常不用于正式场合。

图2-16 领带的长度　　　　图2-17 领带的花色

（3）衬衫。正式场合中，与西服相配的衬衫以白色为首选。春季型和秋季型的人（详见本项目第二节的"四季色彩理论"）可选乳白色（偏黄色的白）衬衫，冬季型和夏季型的人可选纯白色（或偏蓝色的白）衬衫。

衬衫领围大小要合适，宽松度以正好能插入2指为宜，领口要干净、平整、不起皱（见图2-18）。穿上西服时，西服的领子应当紧贴衬衫的领子，并且衬衫领子应比西服领子高1～2厘米。也就是说，西服领子绝对不要接触到颈部的皮肤，如图2-19所示。

图2-18 衬衫的领围　　　　图2-19 西服领子与衬衫领子

与西服相配的衬衫必须是长袖衬衫。长袖衬衫配领带时衬衫下摆应束在长裤里面。

正装衬衫的袖口有两种：一种是普通的圆筒式衬衫袖口，由1粒或2粒扣子扣上；另一种是法式衬衫袖口，用袖链或袖扣联结，感觉上更加优雅华美。衬衫袖子应长短合适。穿西服曲肘时，圆筒式衬衫袖口应露出西装袖口外1～2厘米，袖口纽扣不露出，如图2-20

所示。法式衬衫的袖扣应当完全露出，如图2-21所示。

图2-20　圆筒式衬衫的袖口

图2-21　法式衬衫的袖口与纽扣

（4）鞋。在正式场合，与西服相配的鞋最好是黑色的皮鞋（深咖啡色皮鞋也可以，但绝不可搭配旅游鞋或软牛皮休闲鞋），配上黑色、深蓝色或深灰色的袜子。

系鞋带的皮鞋要比没有鞋带的皮鞋更正式。

（5）袜。不要选择纯化纤的袜子，这类袜子透气性差，应当选择纯棉或毛棉混纺的袜子。袜筒应当足够长并且具有较好的弹力，保证坐下时小腿皮肤不外露，穿西服时小腿皮肤外露很不雅观。

（6）腰带。西服腰带应当简洁、精致，通常是黑色、深蓝色与咖啡色，要与西服颜色相协调，并与鞋、公文包的颜色一致。配正装西服的腰带仍然首选黑色。

2. 女士

（1）套装。在正式的社交场合中，与男士西服相对应的是女士西服套裙或套裤（上衣领子与男士西装领子相似），通常西服套裙又比西服套裤更正式。

近年来，女士职业套装的新款式和新花色层出不穷，使职业女性有了更大的选择余地，在日常工作中可根据场合及爱好选择不同款式的职业套装。需要注意的是，正式的社交场合当中，款式的变化只能在西服套装的基础上做细节的变化。

女士职业套装可以通过衣领及肩部造型的不同来展现款式变化。西服领套装最具权威感。女士职业套装上衣肩部造型通常极为简练，胸部、腰部、臀部贴近人体曲线，给人以大方、简单、干练的感觉。

女士职业套装也可以通过袖口造型的不同来展现款式变化。袖子越短，权威感越弱。正式场合中，即使是夏天，七分袖也已经是女士正式套装的最短袖子了。

女士职业套装还可以在裙子的下摆和开衩上展现款式变化。西服裙俗称"一步裙"，因其下摆比较窄而得名。裙摆越大，女性化感觉越强，而职业感、权威感则越弱。裙子的开衩可以在后面，也可以在侧面。

在正式场合中，女士的职业套装上衣可以搭配衬衣或丝巾。

穿西服套裙时，裙长最好不短于膝盖以上3厘米，不长于膝盖以下5厘米。

（2）袜。与西服套裙相配的袜子最好是肤色丝袜。应当选择弹力好的无花纹丝袜，丝袜不可出现任何褶皱或脱丝、破洞现象。与男士一样，任何时候都不允许露出袜口。由于丝袜容易破损，所以应当在手提包中放一双备用。

（3）鞋。鞋的颜色与式样要和套装相互搭配。在正式的社交场合，穿职业套装时应当搭配传统款式的"船鞋"。根据行业及岗位的不同可以适当变化，但最好不要露出脚趾。

露出脚趾的凉鞋款式根据其材质、颜色等不同，可以搭配休闲装或晚装，通常穿此类露脚趾的鞋时不穿袜子，因此一定要把脚趾修剪得干净美观。

特别需要注意的是，应当经常保持鞋面清洁光亮、鞋跟完好无损。肮脏、破损的鞋子会让你的职业形象大打折扣。

（二）半正式场合

汽车销售与服务人员的半正式场合是指无重大活动、无重要事务的社交场合。在这种场合当中，汽车销售与服务人员应当穿商务便装（一些着装要求非常严格的公司只允许周末穿商务便装）。

1. 男士

男士在半正式场合，不用系领带。可以选择不太正式的西服上衣，比如亲切感更强的咖啡色西服或其他权威感较弱的明快的颜色。面料可以选择更随意舒适的粗花呢等。上装和长裤采用不一样的面料和不一样的颜色，看上去更加轻松。

男士的便装西服可以搭配高品质的针织衫以及时尚感、休闲感较强的衬衫，衬衫的领型可有较多变化。

长裤的面料和颜色可以自然随意。需要注意的是，长裤的款式还是以西裤款式为主，可以穿纯棉卡其裤，不可穿宽松裤、萝卜裤、牛仔裤等休闲时尚裤。

穿咖啡色西服时，只能搭配咖啡色的袜子和咖啡色的鞋（近年也开始流行以深咖啡色的鞋搭配其他颜色的深色西服）。

2. 女士

女士的商务便装款式变化与组合非常丰富，可以将正装的西服套裙与套裤分开来穿，搭配经典款式的连衣裙、针织衫、短裙、衬衫。各个款式的细节处理可以更加富有创意，颜色可以更加明亮丰富，但仍然要保持身体线条的清晰干练。

（三）休闲场合

所谓"休闲"，指的是停止工作或学习，处于闲暇轻松状态。在休闲场合中，汽车销售与服务人员应当穿休闲装。休闲装给人的感觉是舒适、轻松、愉快，男士和女士都可采用宽松或较为紧身的款式，比如夹克、T恤、棉质休闲裤、牛仔装等。服装颜色可以选择鲜艳新奇的色彩。女士连衣裙、短裙或衬衫的款式细节、图案和色彩都可以更大胆、更丰富。

在某些高科技企业或崇尚自然文化的企业中，休闲装被允许作为商务便装穿。因此选服装时，要选择与企业文化相适应的服装。

（四）商务酒会

西方男士在特殊场合的礼服分为晨礼服、晚礼服等，但近年来有逐渐简化的趋势。

国内一般公司的小型商务酒会、聚会,男士穿深色西装即可,但是领带的图案和颜色都需要更加华丽一些。

女士的服装尽量以小礼服风格的款式为主,不要过于隆重、夸张,裙长在膝盖上下比较妥当。可以选用吊带丝缎短裙、纱裙等,也可用无领无袖单色连衣裙搭配亮丽的首饰、富有质感的毛皮围巾、丝巾等增强闪光点和华丽感。酒会穿的鞋可以选用丝缎面料、露趾的晚装鞋。提包换成小巧一些的晚装包。

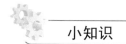

穿西装的十大禁忌

1. 忌西裤短,标准的西裤长度为裤管盖住皮鞋。
2. 忌衬衫放在西裤外。
3. 忌衬衫领子太大,领脖间存在空隙。
4. 忌领带颜色刺目。
5. 忌领带太短,一般领带长度应是领带尖盖住皮带扣。
6. 忌不扣衬衫扣就佩戴领带。
7. 忌西装上衣衣袖过长,应比衬衫袖子短。
8. 忌西装的上衣、裤子袋内鼓鼓囊囊。
9. 忌西装配运动鞋。
10. 忌皮鞋和鞋带颜色不协调。

女士穿旗袍的礼仪

旗人,是我国清代对被编入八旗的人的称呼。清代八旗以满族为主体,汉族与蒙古族等其他民族也被融合在内。

旗人(无论男女)常服长袍,圆领、大襟、窄袖、四面开衩,一年四季皆适用,称之为"旗袍"。辛亥革命推翻了中国历史上最后一个封建王朝之后,女性服装趋向于简洁。新式旗袍最初是以马甲的形式出现,马甲长及足背,加在短袄上。后将长马甲改成有袖的式样,也就成了新式旗袍的雏形。20世纪30年代后期出现的改良旗袍,又在结构上吸取了西式裁剪方法,使袍身更为称身合体,能够充分体现女性的自然之美。在这个时期当中,旗袍奠定了它在女装舞台上不可替代的重要地位,成为中国女装典型代表,被称为"Chinese Dress"。

旗袍比较适合中国女性清瘦玲珑的身材特点,而且可以中西合璧,因而变化多样。旗袍的样式很多：开襟有如意襟、琵琶襟、斜襟、双襟；领有高领、低领、无领；袖口有长袖、短袖、无袖；开衩有高开衩、低开衩；还有长旗袍、短旗袍、夹旗袍、单旗袍等。目前国内的旗袍在剪裁中都加入了很多西式剪裁方法，从而使旗袍更合体、更实用，堪称中国女性别具一格的特色服装。

女士在参加正式晚宴时，可以选择华丽的面料做成的旗袍。日常半正式工作场合与休闲场合，也可用旗袍分别搭配西式外衣、开襟毛衣、披肩围巾等，以展示出不同的风格。

穿旗袍时要注意以下几个方面。

1. 旗袍的面料、花色应与着装的场合相协调。如果穿着旗袍骑自行车，必定会贻笑大方。普通棉布和真丝织锦缎做出同样款式的旗袍，其风格会截然不同：一个朴素雅致，一个华丽高贵。购买旗袍时，一定要考虑穿的场合因素，选择相应风格的面料和花色。旗袍的领口封闭较严，购买热天穿的短袖、无袖旗袍时，最好选择吸汗透气的舒适面料。

2. 选择旗袍时，要注意旗袍的款式与自己的身份相协调。前卫风格的无肩、无袖或露胸旗袍，以及毛皮滚边的超短旗袍配上靴子，穿在明星身上会格外出众，却不适合保守行业的工作人员日常穿着。

3. 旗袍的领围、领高、肩宽、胸围、腰围、臀围都要合身。任何一处过于紧绷或过于宽松，都会使美感大打折扣，自己穿上也会感觉很不舒服。

4. 穿旗袍之前检查所有纽扣，如有缝线松动的纽扣，在穿之前一定要再次加固，保证在穿着时纽扣不会脱落。

5. 旗袍给人的总体感觉是"在严谨中流露出庄重的性感"，如果纽扣松开，立刻就会产生"风尘"感。因此，女士在穿旗袍时，不管天气如何，旗袍的所有纽扣都必须扣上。任何一粒纽扣不扣，都可能会给别人留下难以抹去的"轻浮"印象。

6. 长及脚踝的高开衩旗袍，其风格和袒胸露背、长及脚踝的西式晚礼服具有异曲同工的效果，因此，只有在正式的晚宴或演出场合，或宾馆、酒店等要求穿特定中式工作装的场合，女士才能穿开衩开在大腿中部以上的高开衩长旗袍。日常工作或休闲场合的旗袍开衩不要高于膝盖上缘以上10厘米。

7. 穿旗袍时搭配的丝袜最好是连裤袜，这样就不用担心袜口从开衩处露出了。但要注意的是，旗袍的面料一定要选择不与丝袜起静电的面料。

8. 鞋的款式要与旗袍风格相配。

9. 内衣不可外露。与旗袍相配的内衣在款式和颜色上也要精心选择，要求妥帖、舒适，且内衣轮廓无痕。

10. 穿旗袍时，要格外注意保持良好的仪态。因为旗袍的造型非常贴近女性自然的曲线，所以不雅的站姿、坐姿都会在众人面前完全展露出来。

（五）运动场合

职场人员会经常参加公司组织的体育比赛或观看体育比赛，参加此类活动应当穿运动装。运动装与休闲装都具有宽松、舒适的特点，但是运动装比休闲装更加适宜人体运动。

不同的体育比赛有不同的运动装款式，参加活动之前应当准备好相应的服装。

（六）家居

回家之后，应当换上家居服。家居服有晨衣、睡衣等诸多款式，其特点是非常舒适、宽松、随意。需要提醒大家注意的是，假如有客人来访，只要不是非常熟悉的人，就一定要换上休闲装或商务便装会见客人。即使是在家里，穿着睡衣之类的家居服见同事或客户也是非常不礼貌的。有些家居服的款式是会客时穿的，但也只适用于见很熟的私人朋友或邻居等。

最后要提醒大家的是，家居服绝不可以穿到自家大门以外，哪怕你只是去楼下小卖店买瓶酱油，穿着家居服也是非常失礼的！

三、关于汽车销售与服务人员着装的几点建议

（1）穿正装的时候，如果天气寒冷，外面可以穿毛料的大衣，注意大衣的款式应该与西装风格相协调。女士如果在套裙外面穿大衣，比较经典的穿法是大衣的长度比裙子长出5厘米以上。穿商务便装的时候，外面可以配风衣。羽绒服适合搭配休闲装，有些羽绒服也具有运动风格，可用来搭配运动服。

（2）曾经有人做过统计，发达国家人均衬衫拥有量为7.2件，北京男士人均衬衫拥有量为4件。据预测，这个数字每年都会提高。在商务人士当中，这个数字还会更高。日常工作中，要求配西服的衬衫和领带每天都要更换，以保持清洁。相邻两次见同一位客户时，女士应当更换服装款式搭配，男士应当更换领带款式。

（3）女士在职场上的造型不可过于性感，薄、透、露的服装会令你的职业权威感大大降低，是职场之大忌。

尽管三点式比基尼很时尚、很性感，但是在公司组织的游泳活动中还是放弃吧！

（4）如果有人邀请你参加活动，而你却对穿什么样的衣服出席没有把握，那么应该事先询问邀请者或相关人士"穿什么样的衣服比较妥当"，千万不要"摸着石头过河"，只凭自己的主观推测很容易出问题。

第八节　职业服装审美的基本要素之三：饰品

职业服装除色彩美与款式美之外，各种饰品对服装的整体美也有着重要的作用，用得好，能够起到画龙点睛的作用，用得不好，则会"一着不慎，满盘皆输"。

一、男士饰品

1. 胸袋巾的折放法

对穿着西装的男士而言，胸袋巾是一个重要的装饰。胸袋巾的材质有丝、麻、棉、蕾丝等。胸袋巾有各种不同的折法，一字型折法是一种最简单的折法。在正式场合穿着深色西装或黑色礼服时，胸袋巾是增添绅士魅力的重要饰品。

注意：千万不要拿来擦脸！

2. 手表

手表是男士最重要的饰品，其颜色、款式应当适合自己的个人风格并与场合相适应。名贵的手表不仅可用来计时，更代表着典雅和尊贵。

男士搭配正装的手表，直径以36～38毫米为佳，不宜过大或过小。搭配正装的手表表带，以黑色、棕色系光面皮质表带为经典，近年也流行不锈钢质（银色系或金色系金属色）表带。手表的颜色应与衬衫袖口的颜色搭配协调，不要过于耀眼或给人以突兀的感觉。

休闲或运动场合应当佩戴运动表，但在做剧烈运动（包括挥杆击打高尔夫球时），应将手表摘下并妥善存放，否则容易在运动过程中对人员或手表造成伤害。

3. 围巾

在冬季穿大衣时，男士可以选择黑色、灰色、深蓝色或咖啡色围巾用于较正式场合。

注意：进入室内后，应将围巾连同大衣（风衣）、帽子、手套一起脱下（任何时候在室内都不可以戴围巾、帽子、手套）。

4. 袜子

大多数情况下，男士的长裤会直达鞋面，别人只有仔细观察才能见到袜子的存在。尽管如此，袜子的色彩、质地、清洁度都会影响男士的形象。配正装的袜子应当选择黑色、深蓝色或深灰色。如果西装是灰色的，可以选择深灰色的袜子；深蓝色的西装就应该配深蓝色的袜子。商务便装中的米色西装则应搭配米色袜子。白色和浅色的纯棉袜是休闲袜，用来配休闲风格的衣裤和便鞋。浅色的运动装可以搭配白色的运动袜。

穿正装时，袜筒不能太短，要保证坐下时小腿皮肤不会露出。但也不能太长，其长度应该在小腿肚以下。

购买袜子时应注意，袜子也有男式与女式之分，千万不要把女式的丝袜穿在脚上。

5. 包

应当选择质地优良、做工精致的公文包或手提包，以黑色为最佳，最易搭配。包上不宜有过多装饰物。如有金属点缀物，其颜色应当和腰带扣、眼镜框、手表等饰品的色调相协调。

钱包的风格应与公文包一致。

6. 笔

男士应当随身携带一支优质钢笔，放在西装上衣的内侧袋中。另外在公文包里至少还应准备一支笔备用。

7. 伞

应当选用质量上乘的雨伞，最好为黑色。

8. 首饰

每只手最多只能戴一枚戒指。在商务场合，男士最好不要戴耳环。穿正装时项链不能露出。

9. 眼镜

眼镜除了有矫正视力的作用，还能起到装饰作用。因此，眼镜的颜色要适合自己，并且与其他饰品相协调。如果戴墨镜，进入室内时应当将其摘掉。在室外如果见到其他人需要打招呼或谈话时，也应当摘掉墨镜，否则会造成目光交流障碍，是失礼的表现。职场人员平时工作宜选择金属色、黑色或棕色镜框的眼镜，镜片应清澈透明。不宜选用有色的镜片。

10. 腰带与背带

腰带与背带不应同时使用。

搭配正装西裤的腰带，颜色应与皮鞋、公文包一致，以黑色为首选，宽度通常约为3.8厘米，腰带扣应简洁大方。系好腰带后，腰带头应该穿过裤子前片的第一个裤襻，不要太短或太长。腰带上要多留出一个扣眼，以免感觉腰带太紧的时候无法放松。腰带上不要挂手机、钥匙链等物品。不要在公共场合整理腰带。

如果使用背带，则应选择条纹或小型图案的背带，并注意背带的风格要与领带协调。

11. 袖扣

男士穿法式袖口的衬衫时，应使用袖扣。袖扣的风格应精致、大气，并与衬衫、西服（或礼服）以及腰带扣的风格相协调。一般来说，金属和珐琅材质的袖扣较为优雅，镶嵌宝石、钻石的袖扣更为华贵。在正式场合穿法式袖口的衬衫时，应同时穿西服或礼服上衣，抬手或屈肘时（例如与人握手或喝咖啡时）袖扣应当完全露出。

二、女士饰品

1. 首饰

在商务场合穿职业装时，女士应当佩戴小型的、质量上乘的首饰，不可佩戴过于显眼的首饰。每只手只限戴一枚戒指。需要注意的是，首饰的质量一定要优良，佩戴质量低劣的首饰还不如不戴。在工作场所，首饰的选择以不妨碍工作为基本原则，太大的坠子、太长的项链、摇曳生辉的耳环、镶有大颗宝石的戒指、活动时叮当作响的首饰都不宜出现在操作及服务岗位上。如果首饰可能会妨碍工作，那么就留到下班以后再佩戴。

选择首饰时，应当考虑以下四个方面的内容。

（1）选择适合自己的首饰色彩（注意：以下内容对于男士同样适用）。首饰同服装一样，其色彩是美的第一重要因素。金属质感的首饰本身的色彩可分为黄金色和铂金色两大色系，分别属于暖色和冷色两大阵营。当我们皮肤的冷暖性质与首饰的冷暖性质协调一致时，肤色和首饰才能相互辉映，人显得气质高贵，首饰显得精致华美。而如果两者不协调，首饰显得低档，人显得庸俗。

春季型和秋季型的人皮肤颜色属于暖色调，最能够将黄金饰品戴出华丽气质。从光泽感较弱、色泽重的 24 K 黄金到光亮强但色泽浅的 18 K 黄金、14 K 黄金等，都很适合暖色调皮肤的人。春季型的人肤色较白皙，发色也比较浅淡，佩戴 K 金最为适合；肤色较深的秋季型人更适合足金、镍金等接近铜色的黄金饰品，它们最能表现佩戴者的魅力。暖色调皮肤的人如果佩戴铂金色的首饰，反而会将原本典雅的铂金戴出廉价感。

夏季型和冬季型的人皮肤颜色属于冷色调，如果戴黄金色系的饰品会显得很庸俗，但是戴铂金色系却显得非常高贵时尚。除铂金之外，银饰品和不锈钢饰品都是不错的选择。

（2）仔细选择不同材质的饰品。黄金、白银、珍珠、翡翠等材质各有各的风格，一般情况下应当避免既穿金、戴银，又挂珍珠、佩翡翠，否则别人眼中的自己便犹如一棵圣诞树，热闹有余而魅力不足。

（3）选择与场合及服装相宜的饰品。不同的场合要穿不同款式的服装，穿不同的服装时要根据场合与服装款式选择不同风格的饰品。如果同时戴耳环、项链、戒指等，最好选择成套设计的，才不会显得杂乱、没有章法。搭配职业套装的首饰应当简单、大方、经典、精致。搭配休闲装的首饰选择夸张的、鲜艳的或自然朴素的均可，但是太简单或太小的会显得比较乏味。搭配晚礼服的首饰宜华丽、高贵。

（4）选择与自己的容貌、身材相宜的饰品。人的身材、长相各不相同，相同的首饰戴在不同人的身上效果可能大为不同。选择首饰时不要盲目跟随潮流，一定要注意选择那些能够"扬长避短"的首饰。例如，身材矮胖的人不要用时尚的珍珠项链，脖子细长而手腕粗壮的人可以多戴项链而放弃手链。

2. 丝巾

丝巾是职业女士的必备之物。丝巾的材质、款式、花色繁多，选择时要适合自己的肤色及服装质料、款式、颜色。真丝面料的丝巾打出的结最柔顺、最飘逸。如果财力有限，挑选时最好穿上目标服装到现场进行实物搭配，避免造成不必要的浪费。

3. 包

女士时装大多无口袋，即使有口袋大多也只是作为装饰，如果里面放满东西必然会影响整体造型。因此，女士常用的重要物品，如手机、化妆工具、钥匙等都要放在必备的包里。应当尽量选择质地优良的包,避免关键时刻发生背带断裂或拉链坏掉等情况,造成不必要的尴尬局面。在选择颜色及款式时,应当考虑能与大部分职业服装相配。

4. 伞

最好备有一把折叠式晴雨两用伞,在雨天或艳阳天都可以从容应付。注意伞的质量一定要好。一把伸缩不畅或歪歪扭扭的伞会使你的职业形象大打折扣。伞的颜色也要和服装相协调。

5. 笔

职业女性身边应当常备一支书写流畅的笔,以避免需要时到处借笔的麻烦与尴尬。笔的颜色和其他饰品的颜色一定要和谐统一。

6. 眼镜

眼镜能给女性增添知性、智慧的感觉。眼镜直接戴在脸上,选择颜色的时候丝毫不能大意,一定要和皮肤颜色及服装颜色相协调。如果需要体现更多秀丽的风采,则可以换成隐形眼镜。目前有很多彩色的隐形眼镜,可以改变瞳孔的颜色。在商务场合不要随便佩戴彩色的隐形眼镜,试想,一个黑头发、黄皮肤的销售员走了过来,告诉你这种产品很好,你抬起头来,却看到了波斯猫一般的一只蓝眼睛和一只黄眼睛……

7. 丝袜

丝袜是女士服装的重要配件,搭配得好,可以起到很强的美化效果,搭配得不好,同样可以毁坏整体效果。女士在正式场合和半正式场合只能穿与皮肤颜色接近的袜子,绝不可以穿彩色袜子,否则会显得过于花哨、幼稚。条纹、网格等也会破坏权威感。较深的颜色会产生收缩感,使双腿显得较细,但也要注意与服装颜色的重量感相适应。通常,丝袜的颜色应浅于皮鞋的颜色。大花图案和不透明的丝袜最宜搭配休闲装和平跟的休闲鞋。

项目三
汽车销售与服务人员身体语言与仪态礼仪

仪态是指一个人的姿态，是人体具有造型因素的静态美和动态美，它是一种无声的语言。良好的仪态是一种修养，仪态美则使人更富有魅力。人们在日常生活中的行为动作和表情，如站、走、坐的姿态，一举手一投足，一颦一笑都反映出个人特有的仪态，它与人的风度密切相关，是构成人们风度的主要方面。通过仪态不仅能够反映出汽车销售与服务人员的修养水平，受教育的程度与可信度，同时，大方、得体、优雅的举止，也是其成功的通行证。所以，汽车销售与服务人员只有不断注重仪态礼仪的学习和培养，才能更好地展现自身和汽车品牌的形象。

第一节　身体语言

身体语言是指传递交际信息的表情和动作，也叫作体态语、身势语。身体语言包括人体的基本姿态（如站、坐、蹲、走）和人体各部分的动作（如点头、目光交流、面部表情、手部动作、腿部动作等）。

心理学家的研究表明，在人际交往的过程中，55%的信息是靠身体语言传递的，38%的信息是靠语气（语速、语调、音量等）传达的，只有7%的信息是靠词语传达的。身体语言在很多时候都为我们传递了大量重要的信息。例如，你要喊小李走到你的身边来，由于距离远或声音小，对方根本听不见你的声音，但你只要向他招一招手，他看见了就会明白你的意思。尽管很多时候我们并没有说话，但是身体却时刻都在表达着我们的情绪和状态。词语通常表达的是我们所思考的东西或概念，身体语言则更多地传递出情绪和感受。

假如有朋友在路上看见你，目光注视着你并微笑着说"您好！"，你的心里可能会感到一股暖流在涌动；假如你遇到另外一个人，那人看见你后脸上露出一丝不易察觉的冷笑，然后用眼角的余光瞥了你一眼，继而在和你擦肩而过的瞬间发出一声阴阳怪气的"您好——"，你会作何感想？恐怕很多人早已火冒三丈了。

汽车销售与服务人员的礼仪课程中，很多内容（比如怎样握手、鞠躬，怎样站、坐、行等）都属于体态语的范畴，下面我们着重谈一谈表情、手势、空间距离与碰触、目光交流与凝视等方面的礼仪规范。

一、表情

人类的表情能够传达非常丰富的信息。达尔文把人类的表情分为喜悦、生气、恐惧、悲伤、厌恶、惊讶6种，现代科学家则借助计算机将人类的表情分为412种。

中国有句老话叫"和气生财"，还有一句老话叫"抬手不打笑脸人"，这两句话说的都是：你的表情和生意之间有很多的关联——愉悦的表情让你赚进更多的钱，即使遇到生气的顾客，你热情的态度和友好的微笑也会把对方的怒火熄灭。微笑的表情是无声的语言，它传达的信息是："我见到您很高兴，我很高兴和您打交道，我很愿意解决您的问题。"

有个故事说：一个小男孩和他的伙伴吵架之后，来到山边对着山谷喊："我恨你！"很快他就听到从山谷中传来了"我恨你！"的回音。于是小男孩回家告诉妈妈说，山谷里有个卑鄙的小孩说恨他。他的妈妈把他带回山谷，让他喊"我爱你！"。小男孩照妈妈的话做了，很快他就听见山谷里有个很可爱的孩子对他说："我爱你！"人的身体语言具有很强的"镜子"效应，当你用某种态度对待别人时，这种态度通常都会从别人那里又反馈到你自己身上。你对别人热情，别人也会对你渐渐热情起来；你对别人冷漠，别人也会很快远离你。"恶脸不开店，怒脸不见人"就是这个道理。亲切的微笑是在表达"我喜欢见到您，您使我愉快，我见到您的时候感到高兴"。人是一种社会性动物，都有被赞赏、被理解、被尊重的需求，有谁不喜欢做一个受别人欢迎的人呢？当你对别人微笑时，你就变成了一个带给别人好心情的天使，让所有见到你的人生活中立刻洒满阳光，生命都因而充满希望！

美国著名保险推销员乔·库尔曼在《我的路》中，把微笑的好处总结为以下 10 点：

（1）把你的友善与关怀有效地传达给对方。

（2）能拆除你与对方之间的"篱笆"，敞开双方心扉。

（3）使你的外表更加迷人。

（4）可以消除对方的戒心与不安，以打开僵局。

（5）能消除自卑感。

（6）能感染对方，让对方回报以微笑，创造和谐的交谈基础。

（7）能建立对方对你的信赖感。

（8）能祛除自己的忧郁情绪，迅速地重建信心。

（9）是表达爱意的捷径。

（10）能增强活力，有益健康。

现在，找一面镜子，到一个光线充足的地方，让柔和明亮的光线照着你的脸，然后对镜观察：放松你的脸，不要有任何表情。这时看看你自己，如果你是顾客，看到汽车销售与服务人员这样的表情，你会怎样想？"这个经理看上去凶巴巴的""这个接待员长得不错，可是好像不想看见我"……

然后，用一本书挡住脸部眼睛以下的部位，对着镜子，想象你是世界上最成功、最自信的人，想象一下你最喜欢见到的人现在正出现在你面前……让你的脸上露出自然的微笑。这时，请观察：你的眼睛和嘴唇是不是都在笑？然后，放松嘴唇，只保留眼睛的"微笑"。下一次，单独练习"眼睛的微笑"。

眼睛笑了，加上嘴唇的微笑才是自然的微笑。嘴唇的微笑又有一个关键点，即嘴角上翘（见图3-1）。有些人好像天生就是一副笑模样，可能就是因为眼形和唇形符合微笑时的特点。对于天生一副"厉害"模样的人来说，过了 25 岁就不能再责怪自己的父母了——后天的表情所造就的新面孔只能由自己负责。现在开始，塑造自己的理想表情吧！

图 3-1　微笑

当你工作时，你的表情不仅代表你自己，还代表着你所在的团体。每次出门、上班、工作的时候，记得抬头挺胸，深深呼吸一口新鲜的空气，感受一下阳光的存在，向你见到的所有人微笑。

二、手势

手指握拳,单伸出食指指向某人,这是一种非常令人不快的手势(见图3-2),给人一种居高临下、强制、镇压的感觉。因此,切记不要对人指指点点的。正确的手势应当是:五指并拢,掌心向上,伸出手臂指向某人(见图3-3)。掌心向上表达的是诚实、谦逊,而掌心向下表达的是命令、强制。

图3-2 错误的手势   图3-3 正确的手势

手势在人们的交往活动中具有重要的意义。需要注意的是,大家都用手势来表达一定的意义,但不同的地域、面对来自不同文化背景的客户时,同样的手势可能会被理解为不同的含义。比如说,在南方,主人为客人斟茶时,客人为了表示感谢,以食指和中指轻叩桌面,这种手势在北方可能会用于表达一种不耐烦的情绪。

汽车销售与服务人员在工作中会遇到来自全国甚至来自世界各国的客户,因此,我们需要了解几种常见手势的一般意义。

1. "OK"手势

拇指和食指形成环形,其余三指伸开(见图3-4),这个手势在美国表示"OK",即"行了""可以""很好""还不错"的意思。但是,这个手势在比利时、法国、突尼斯表示"零"或"毫无价值"。在拉丁美洲,这个手势表示"滚蛋"!在日本,拇指和食指成环形是表示"硬币",因为硬币的形状是圆的。

2. 竖起大拇指的手势

大拇指向上竖起,其余四指握拳(见图3-5),这个手势在世界上大部分地方都表示"好!"或"干得真棒"。在美国、英国和新西兰,这种手势还表示想搭便车。

图3-4 "OK"手势   图3-5 竖起大拇指的手势

西方人用拇指朝下表示"坏"。在尼日利亚，这个手势被视为粗鲁，是表示对别人的侮辱。

在德国，竖起大拇指表示数字"1"，竖起食指表示数字"2"。在日本，竖起大拇指表示数字"5"。而在我国竖起食指表示"1"。

3. "V"字形手势

大拇指、无名指和小拇指相握，食指和中指伸出呈"V"字形，掌心向外（见图3-6），这个手势表示"胜利"或"和平"。在英国，做这个手势时如果掌心向里，以手背对着对方，就不是表示"胜利"与"和平"了，而是表示对对方的侮辱（见图3-7）。因此，在英国，千万不要把手掌的方向搞反了！

图3-6 掌心朝向对方的"V"字形手势　　图3-7 手背朝向对方的"V"字形手势

由以上例子我们可以看出，同样的手势对于不同国家的人，可能有着不同的含义。因此，汽车销售与服务人员在与客户交往的过程中，应当多用语言表达，尽量避免单独使用手势，以免对方不懂甚至误解。手舞足蹈、指手画脚、指指点点都是不良姿态，有损你的职业形象。另外，还应当避免手部不自觉的不雅动作，比如当众挠头皮、掏耳朵、抠鼻孔、剔牙、咬指甲、剜眼屎、搓泥垢等。在会谈时，不停地玩弄笔杆也会让别人觉得你缺乏自制力。

三、空间距离与碰触

千万不要浑然不觉地在鸡尾酒会上把客户"逼"到墙角！

为什么会出现这种情况？原因是我们每个人在心理上都存在一个"适宜的空间距离"。学者们曾经对交谈者之间的距离做过调查，发现在朋友、熟人间进行个人交谈时，双方的距离在0.5~1米之间；一般社交活动中，双方距离在1.5米左右；某人对着人群讲话时，距离一般都在3米以上。

因此，假如在鸡尾酒会上，你和一位客户讲话时离他太近，他在心理上感觉不适，因此向后移动了一步，而你这时又跟上一步，那他又会再退后一步，这样的"探戈舞"会以客户找借口离开你作为终结。

个人空间是无形的，但它又是实际存在的。性别、年龄、相互间关系的远近、所处的文化背景等都会影响个人空间的距离：我们和小孩子之间的距离与大人相比会更近一些；我们与同性之间的距离比和异性之间的距离要更近一些；我们会和更熟的人站得更近一些；两个中国人可能比两个英国人站得更近一些。

人与人之间的触摸可以分为职业型触摸、社交型触摸、友爱型触摸、亲密型触摸。医生检查病人、理发师触摸头部等都属于职业型触摸，这种触摸是不包含情感成分的，"被触摸者"通常被"触摸者"当成工作对象，即"非人"来看待。如果"被触摸者"在职业型触摸中体验到情感成分，往往会断定自己受到了"非礼"。社交型触摸包括握手和礼仪性质的拥抱，常见于工作交往之中。而亲朋好友久别重逢之后的握手和拥抱则属于友爱型触摸。亲密型触摸只存在于两性交往中，在工作场合不应当出现。

我们对于触摸的对象、范围、场合、形式等一定要认真考虑，不可"轻举妄动"。汽车销售与服务人员在社交场合中，应当将触摸行为严格限制在职业型触摸和社交型触摸范围之内，避免因处理不当造成尴尬甚至不愉快的后果。

身体靠得太近、随意触摸都有可能侵犯别人的个人空间，除此之外，还有一种侵犯方式——声音侵犯——容易被我们中国人所忽视。中国人喜欢热闹，在见到熟人时、开会时、聚餐时、打电话时通常都会大声说话，人声鼎沸的场景随处可见。但是随着国际交往场合的增多，越来越多的外国人反映"受不了中国人的大嗓门"。在国际社交场合，通行的原则是：你和别人说话时，音量控制在对方能听清楚你在说什么就足够了。尤其是在机场、教堂、西餐厅、电梯里，"不用声音去侵犯别人"是一种基本的礼仪修养。

还需要提醒大家注意的是，在解读他人的身体语言时，必须结合当时的交往情境、关系深浅、对方个性、文化背景等因素做综合考虑。在西方，拥抱、亲吻是普通的社交礼仪，如果有外国客人过来拥抱我们，不一定就说明对方"轻佻无礼"。在阿拉伯，两位男士之间的距离可能会近到我们的"亲密距离"范围内，如果有来自阿拉伯的男士过来拉住我方男士的手一直不松开，我们对此也不必大惊小怪。同样，一个性格非常外向的女孩子和你的距离很近，也不一定就表示她喜欢和你亲近。

四、目光交流与凝视

在人际交往当中，"眼睛是心灵的窗户"，能够反映出人们内心世界的各种色彩。在社交场合，同样要注意目光的交流。如果缺乏目光交流，眼神游移，会让对方感觉"此人不可信"。坦然的、亲切的、有神的目光能够营造出良好的交际氛围，而敌视的、轻蔑的、呆滞的、漠然的、慌张的、冰冷的目光都会给人际交往制造障碍。在社交场合，还应当避免左顾右盼、上下打量、挤眉弄眼。

所谓"凝视"，是指目不转睛地看。不同文化当中对于凝视的时间要求是不一样的。在意大利，两个人谈话时相互凝视的时间特别长；但是如果你用同样长的时间凝视一个日本人，则有可能冒犯对方。在韩国，领导训话的时候下级会低着头听领导说些什么；但如果你的美国上司对你说话时，你不看着他，他会觉得受到了冒犯。在我国，大部分人也不太习惯被对方长时间凝视。如果你的目光聚焦在别人脸上某个部位长时间不动,这样"死盯"对方,会让对方产生难受、不安的感觉,严重时会使对方产生抵触和敌意情绪,所以应当避免。凝视除了时间限制,还有区域限制。凝视的区域分为以下几种。

1. 公务凝视区

公务凝视区适用于洽谈公务的正式场合,例如磋商、谈判等。凝视时目光停留的区域在对方脸部,以双眼为底线,上到前额的三角部分。谈话时注视对方这个区域会显得严肃、认真、有诚意。

2. 社交凝视区

社交凝视区适用于各种社交场合,例如会见朋友、与熟悉的同事谈轻松的话题等。凝视时目光停留的区域为对方唇心到双眼之间的三角区。谈话时注视对方这个区域会使对方感到轻松自然。

3. 亲密凝视区

亲密凝视区适用恋人之间、夫妻之间的交流。凝视时目光停留的区域为对方双眼到胸部之间。如果非亲密关系却凝视亲密凝视区域,对方会觉得受到了冒犯甚至侮辱,这是很不礼貌的行为。

小知识

大多数人对身体语言的一般理解

1. 自信:抬高下巴;坐下时上半身前倾,站立时抬头挺胸、双手背在身后;手放在口袋时露出大拇指,或者掌心相对、手指合起来呈尖塔状。

2. 开放与接纳:咧着嘴笑,手掌打开,双眼平视。

3. 配合:谈话时身体前倾并坐在椅子边缘,全身放松,双手打开,解开外套纽扣,手托着脸。

4. 缺乏安全感:捏弄自己的皮肤,咬笔杆,两个拇指交互挠动,啃指甲。

5. 紧张:口吃,清咳喉咙,避免凝视,目光快速游移,摸鼻子,眨眼,多次喝水,吞唾液,咬手指,呼吸急促,紧握双手不放,拨弄头发,抚摸后颈,握拳,绞扭双手,用食指指人,吹口哨,抽烟,坐立不安,以手掩口,使劲拉耳朵,把硬币、钥匙弄得叮当响。

6. 防卫:双臂交叉于胸前,偷瞄、侧视;摸鼻子,揉眼睛,紧缩下巴,说话时眼睛看地上,瞪视,双手握紧,说话时用食指指着对方,握拳做手势,抚摸后颈,摩拳擦掌。

如果我们希望给别人一个好印象,就必须控制自己那些表达负面信息的身体语言,采用那些展示自信、友好的身体语言。在说话时,要避免身体语言和词语出现矛盾。当你所说的词语和你的身体语言表达出相反的意思时,人们更容易相信的是身体语言。我们听别人说话时,也要通过观察对方的身体语言,从他人的目光、表情、身体动作、姿势以及彼此之间的空间距离中感知对方的心理状态,从而正确把握对方所说的词语背后的真正含义。

第二节　站姿

仪态，是指人的身体姿态，包括站姿、坐姿、走姿等各种动作。中国古代讲究"站如松、坐如钟"，力求从优雅的仪态上表达一种洒脱的气质和翩翩的风度。研究成果表明，在人与人的沟通中，感情信息的表达和交流在很大程度上是通过体态语言来进行的。当体态语言和言辞相互矛盾时，人们往往更相信体态语言是真实的（比如某销售员垂头丧气地对客户说"希望您相信我们下次一定能够做好"时，客户会认为销售员连自己都不相信自己的话）。

良好的仪态不是一日之功，需要长时间刻苦练习。行为学家通过研究发现，人如果反复地重复某种行为，平均 21 天后，这种行为就会演变成一种习惯。所以，无论是练习站姿还是坐姿，希望你坚持 21 天。在这 21 天中，不要过早放弃，即使一开始感觉不自然、不适应或者看上去似乎没有什么效果，也一定要坚持不懈地练习，21 天后，就会看到明显的变化——你看上去更加富有朝气了！

一、站姿训练

站姿是汽车销售与服务人员在工作中最重要的姿势。基本站姿（见图 3-8）是一切姿态的基础，其他姿势都是在基本站姿的基础上演化而来的，因此，基本站姿的练习最为重要。其要领是：

（1）双脚并拢、两脚踝并拢、双腿直立、双膝并拢；
（2）身躯直立，提臀、立腰、收腹、挺胸、双肩舒展并略下沉；
（3）手臂自然下垂，中指贴于裤缝（女士裙子侧缝）；
（4）颈直、头正、双目平视、下颌微收、面带微笑。

将一张纸夹在双膝之间，纸张不可掉下来。将一本书放于头顶，保持上述姿势，书不可摇晃（见图 3-9）。

图 3-8　基本站姿

图 3-9　基本站姿的训练

练习时最好对着一面可以照到全身的镜子"自我监督"并"自我欣赏"。开始练习时只要求坚持 5 分钟（如果你做得很到位，你的腿部、腰部、肩部等肌肉都处于紧绷状态，那么 5 分钟后很可能你会全身发热），以后逐渐加长时间至 20 分钟以上。训练时可以配上优美的音乐，有利于保持愉快的心境，塑造自然的笑容，减轻单调、疲劳之感。

基本站姿训练可以使身体协调、自然、挺拔，体现活力与朝气，同时塑造自然愉悦的表情，增加亲和力。

二、男士站姿

1. 肃立

脚尖分开 45 度，其他部位要领与基本站姿相同（见图 3-10）。

这种站姿适合长时间在正式场合站立。

2. 直立

双脚分开，宽度不超过肩宽。

男士直立时，可有三种手位。

（1）自然下垂式手位：两臂及双手自然下垂，如图 3-11 所示。

图 3-10　肃立　　　　图 3-11　自然下垂式手位

（2）前搭手式手位：左手握虚拳，右掌轻搭于左拳上，自然下垂于小腹前。注意双肩打开，保持后背挺直，如图 3-12 所示。此种手位显得比较保守、谦恭。如果与自然微笑的表情相配合，则显得比较亲切。

（3）后背手式手位：右手握虚拳置于身后，左手轻握右手背，自然搭在尾骨处，如图 3-13 所示。此种手位给人以英姿飒爽之感。

图 3-12 前搭手式手位　　　图 3-13 后背手式手位

三、女士站姿

1. 肃立

脚尖分开 30 度，其他部位要领与基本站姿相同。

这种站姿适用于升旗或其他非常庄严肃穆的场合。

2. 直立

（1）脚位：女士直立时，有三种脚位。

① 标准脚位：双脚完全并拢，如图 3-14 所示。

② "V"字脚位：双脚脚尖分开 30 度，如图 3-15 所示。

图 3-14 标准脚位　　　图 3-15 "V"字脚位

③ 丁字脚位：一只脚脚尖正对前方，另一只脚内侧与前脚脚跟相靠，如图3-16所示。

（2）手位：女士直立时，有三种手位。

① 自然下垂式手位：两臂及双手自然下垂，如图3-17所示。

图3-16　丁字脚位　　　　图3-17　自然下垂式手位

② 前搭手式手位：左手握虚拳，右掌自然轻搭于左拳上，双臂自然下垂置于腹前，如图3-18所示。注意收缩小腹，手与小腹之间应有1厘米以上距离。此种手位给人以谦恭、典雅之感。

③ 礼仪式手位：双手四指并拢略向内扣，右手在上，双手叠握置于小腹前，左手指尖不要露出，如图3-19所示。此种手位给人以秀丽、优美之感，常用于礼仪迎宾场合。

图3-18　前搭手式手位　　　　图3-19　礼仪式手位

女士在非正式、非严肃场合可采取较为随意（见图3-20）和较为放松的站姿（见图3-21）。但需注意时刻保持女性内敛的优雅感，像男士一样双腿分开站立的站姿只能出现在诸如晃动的车厢等特殊场合。

图3-20　随意自然站姿　　　　图3-21　放松站姿

第三节 坐姿

汽车销售与服务人员在日常办公室工作，会见客户、参加会议等商务活动中，都需要保持良好的坐姿。良好的坐姿能够使人感觉舒适，不易疲劳，膝关节后面的血管、神经都没有压迫感。

一、男士坐姿

男士入座时要保持稳、慢、轻，不要慌慌张张扑通一下子"跌落"到座椅上。正确的方法是：不慌不忙地走到座椅前，转身背朝座椅，控制身体稳稳地坐下。如果周围有尊者（或女士）需要入座，应当先帮助尊者将椅子挪到合适的位置，待其坐定后自己再坐下。坐在椅子上拖动椅子是有失风度的行为。

1. 标准坐姿

坐下后，双脚分开不超过肩宽，平放在地面上，两手分别放在两边大腿上，肘部自然弯曲，立腰、收腹、挺胸、双肩舒展并略下沉；颈直、头正、双目平视、下颌微收。如图3-22所示。

2. 叠腿式坐姿

男士在非正式场合的叠腿式坐姿常见以下两种：

（1）将一条腿叠放在另一条腿上，如图3-23（1）所示。此种叠腿方式常见于仪态较为保守的国家和地区。

（2）将一只脚的脚踝置于另一条腿的膝盖上，如图3-23（2）所示。此种叠腿方式常见于仪态较为随意的国家和地区。

（1） （2）

图3-22 标准坐姿　　　　图3-23 叠腿式坐姿

后一种叠腿式坐姿在美国企业里比较常见，而在日本、韩国等仪态较为保守的企业里就显得过于"奔放"了。日常工作中，不宜采取比尊者更随意的坐姿。

二、女士坐姿

女士入座的动作要轻、稳、慢。如果穿的是裙装，在入座时应当顺势整理一下裙子，使裙子后面保持平整状态，然后再落座。如果落座之后发现裙子压皱了又去拉拽裙子，会显得很不优雅。

无论女士坐姿如何变化，有一条原则是不变的，即任何时候坐下都应保持双膝并拢，即使变换坐姿时双膝也不能分开，这点在穿着裙装时尤为重要。

1. 标准坐姿

标准坐姿的要领：双膝并拢、脚踝并拢、双脚并拢、脚尖向前；小腿垂直于地面；双手相叠（右手在上）自然置于一侧大腿上；立腰、收腹、挺胸、双肩舒展并略下沉；颈直、头正、双目平视、下颌微收。如图 3-24 所示。

女士在正式场合落座时不可坐得太深，座椅边缘最好不超过大腿近膝盖三分之一处，如图 3-25 所示。如果整个大腿都落在座椅上，则上身很难保持挺直，双膝也很难并拢。

图 3-24　标准坐姿

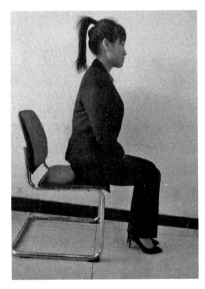
图 3-25　座椅位置

2. 平行式坐姿

在标准坐姿的基础上，双脚并拢，向左侧或右侧平移约两只脚的宽度，脚尖顺腿的方向伸出，轻落于地面上，如图 3-26 所示。在较矮的椅子或沙发落座时，这种姿势较为优雅。

3. 交叉式坐姿

双腿在脚踝处交叉，可以在正位交叉（见图 3-27），也可以在侧位交叉（见图 3-28）。

项目三
汽车销售与服务人员身体语言与仪态礼仪

图3-26　平行坐姿　　　　图3-27　正位交叉　　　　图3-28　侧位交叉

4. 叠腿式坐姿

在非正式场合，女士可将一条腿叠放在另一条腿上，可以在正位叠腿（见图3-29），也可以在侧位叠腿（见图3-30）。两小腿要尽量靠拢，脚尖向下压。

图3-29　正位叠腿　　　　　　　　图3-30　侧位叠腿

在非正式场合穿超短裙时，叠腿式坐姿比双腿并拢的坐姿更为适宜，后者可能比较容易"走光"。

三、坐姿的注意事项

（1）无论男士还是女士，也无论采用哪种坐姿，都要注意：绝不可以将鞋底对着别人，否则是极不礼貌的。

（2）请尊者先入座。

（3）通常，你的坐姿不可以显得比尊者更"休闲"。

（4）坐着的时候抖动双腿是坐姿之大忌讳，一定要避免。

第四节 走姿与蹲姿

站姿、坐姿相对来说属于"静"的仪态，而走路的姿态、下蹲的姿态都属于"动"的仪态。

一、走姿

在国庆大典的阅兵式中，威武的步兵方阵迈着整齐有力的步伐走过天安门广场时，全国人民无不为之感到自豪。社交场合虽然不像阅兵式那样庄严肃穆，但走路的姿态同样能够展现出汽车销售与服务人员的精神风貌和职业素养。

我们走路时，每跨出一步时双脚之间的距离称为"步度"，走路时脚迈出后落地的位置称为"步位"，"步高"是行走时抬脚的高度。

（1）标准步度为一脚至一脚半，即前脚脚跟与后脚脚尖之间的距离为本人脚长度的1～1.5倍。这里所说的"脚的长度"，指的是所穿的鞋的长度，而不是赤脚测量的净长度。因此，女士穿高跟鞋走路时，步度应当比穿平跟鞋时小。一般来说，个子较高的人脚比较长，步度也比较大。如果大个子的人迈小步、小个子的人迈大步，看上去可能会不大协调。穿不同款式的服装时步度也不一样，正装的步度要比休闲装和运动装小。

（2）走路时，两只脚的脚尖都要朝向正前方，"内八字"和"外八字"都是不美观的走姿。

（3）步高要合适。行走时脚不要抬得过高，那样看上去缺乏稳健感；也不要抬得过低，脚后跟在地上拖着走，这样给人的感觉缺乏朝气，显得老态龙钟。

除了注意步度、步位、步高，还应注意：步伐轻快、有节奏，保持腰背部直立但不左右摇摆，挺胸、抬头、收腹，双肩自然下垂，两臂前后摆动的幅度要与步伐的大小、节奏相协调，两眼平视。手摆动时，手臂与上身躯干的夹角一般不超过15度。

（4）多人一起行走时不要横排，否则可能会阻塞道路，妨碍他人行走。步度大的人要照顾步度小的人，不要只顾自己，让步度小的人紧追慢赶。在马路上行走时，还要注意让尊者走在远离危险的一侧。

二、蹲姿

有时候我们需要降低体位，以便捡起掉在地上的东西或者进行其他操作。在日常生活中，人们大多采取弯腰捡拾的姿势，这种姿势在工作场合中不宜采用。女士着裙装时采取这种弯腰拾物的姿势尤其不雅，正确的方式是采用蹲姿。女士下蹲时注意两腿靠近，臀部始终向下。如果旁边站着其他人,尽量使身体的侧面对着别人,保持头、胸挺拔姿态,膝关节自然弯曲,如图 3-31 所示。

穿裤装下蹲时也可以一脚在前,一脚在后;女士应大腿靠紧向下蹲,男士下蹲时两腿之间可有适当距离(见图 3-32)。前脚全脚掌着地,后脚脚跟提起,脚掌着地。臀部始终向下,基本上以后腿支撑身体。

图 3-31　蹲姿(女)

图 3-32　蹲姿(男)

第五节　见面问候的礼仪

在社交场合中，不管大家是初次见面还是相识已久，通常在见面时都会以不同的方式相互问候，以示友好。这些见面问候的礼节，能够营造出一个良好的人际交往氛围。

一、致意礼

致意礼包括点头致意、微笑致意、举手致意、脱帽致意和欠身致意等多种行礼方式。在日常工作场合中，点头致意是一种常见的见面问候的方法，常见于以下情境当中：

（1）早上上班见到公司的同事时；

（2）与客户在同一个场合多次见面时；

（3）见到不熟悉但是曾有过一面之交的人时。

点头致意的方法是：当自己的目光与对方的目光接触时，向对方点头，微笑，同时用"早上好！""您好！"等礼貌用语问候对方。

在与他人见面时，只需注视对方，微笑即可。在人比较多的公共场所（比如会场、拥挤的电梯里），或者双方的距离较远时，可仅以点头的动作、热情的目光、微笑的表情等身势语予以问候，而不必同时使用礼貌用语。

在距离较远且比较随意的场合，也可以向对方挥手致意。挥手的时候，要举起右手，左右摆动两下。注意一定是掌心向着对方，不可以用手背朝向对方。

西方男子戴礼帽时，还可施脱帽礼，即两人相遇时摘帽点头致意，离别时再戴上帽子。有时与相遇者侧身而过，也应回身说"您好"，手将帽子掀一下即可。在公共场合见到领导或长辈、客户时，可将身体正面朝向对方，略微欠身，同时微笑致意。

二、握手礼

握手礼起源于古代的欧洲，那时人们见面握手是为了表明自己手中并未握有武器，各自伸出右手与对方相握，以示友好。握手礼是当今社交场合最常使用的见面问候的礼节。

握手时需要注意以下内容。

（1）一般来说，位尊者先伸出手，位卑者后伸出手。例如，职位高者先伸出手，职位低者后伸出手。作为主人迎接客人时，主人应当先伸手，表示对客人的热烈欢迎；送客时，客人应当先伸手，如果主人在送客时先伸手，客人可能会理解为主人急于让客人走。有时故意忽视"尊者先伸手"这一原则是一种控制局面的心理战术，比如营销人员先伸出手，而顾客后伸出手，这样营销人员便占据了主动的地位。当然，具体怎样做需要具体的判断，以不招致对方反感为好。

（2）握手时一定要用右手握，用左手同别人握手是失礼的行为。伸出手时，手掌稍微倾斜，四指并拢，拇指向上，当双方虎口处（拇指与食指相连接部位）相互接触时放下拇指，并用其余四指握住对方手掌。同性之间握手时，要掌心相对方显真诚。男士握女士手时，只需握住女士四个手指即可，无须掌心相对。

（3）握手要坚定有力，不能毫不用力（西方人称之为"死鱼式握手"），也不可用力过大（好像要捏碎对方的骨头）。

（4）握手的时间不宜过长或过短。握手时间过长，尤其是握住异性的手长时间不放，是失礼的行为。握手时间过短，给人的感觉是心不在焉、走过场，同样是失礼的表现。一般来说，以2~3秒钟为宜。握手时要与对方有目光交流（见图3-33），这一点在与西方人握手时尤其要注意。

图3-33 握手

（5）多人相见时不可交叉握手，即当两人正在握手时，第三人不可伸出手从这两人手臂的上方（或下方）越过（或穿过）与第四个人握手，这样做是对前两人的失礼行为。

（6）按照国际惯例，身穿军服的军人可以戴着手套与人握手，在社交场合女士可以戴着与服装相搭配的手套与人握手。但在社交场合与人握手时最好不要戴着手套，否则会给对方高傲之感，如因特殊原因不能脱下手套或来不及脱下手套与人握手时，应当立即说明原因并表示歉意。

（7）握手的其他注意事项：不要戴着墨镜和他人握手；握手时不要心不在焉、东张西望；握手时不要一只手插在衣袋里；如果对方两只手都拿着东西，不要急于和对方握手；握手以后不要马上擦拭自己的手掌；不要拒绝与他人握手；握手时不可一只脚在门内，另一只脚在门外。

三、拥抱礼

拥抱礼起源于古埃及，同握手一样，互相拥抱也是向对方表示：所穿宽大的袍子下面没有暗藏武器。

正式的拥抱礼：两个人面对面站立，各自举起右臂，把右手搭在对方左肩后面，左肩下垂，左手扶住对方右腰后侧。多数地区的人会先向自己的左侧拥抱，即：按照各自的方位，先向各自的左侧倾斜身体而拥抱，再向各自的右侧倾斜身体而拥抱，最后向各自的左侧倾斜身体而拥抱，拥抱三次后礼毕。

在非正式的场合，可以比较随便（不必拥抱三次）：握住右手，用自己的左臂环抱对方肩膀，然后把上身倾向对方。转动头部，嘴不要碰触对方的面颊或领口。双方都不要碰触对方骨盆，手不可位于对方腰部以下。持续2～3秒钟后，放开对方，微笑，后退一步，稍微停顿一下，然后开始谈话。

四、贴面礼

西方国家盛行拥抱礼、贴面礼和亲吻礼，有时可能会三种礼节连续进行。在西方，亲朋好友间见面或分手时，通常双方都会互相用脸颊碰一下，嘴里同时发出亲吻的声音，声音越大表示越热情。行贴面礼时，用右手扶住对方的左肩，左手搂抱对方腰部，身体偏向自己的左侧贴右脸，然后向自己的右侧贴左脸，再向自己的左侧贴右脸，与对方贴面三次（有时也只贴两次，一般不超过三次）。多数地区的人会先与对方贴右脸，但也有地区的人会先与对方贴左脸。有时脸颊不一定真的贴上，但嘴里也会发出亲吻的声音（仅发出亲吻的声音，并不真正亲吻）。在阿拉伯国家，两个老朋友相见时，只握手是不够的，必须相互拥抱，再行贴面礼，才能充分表达出彼此的热情。

五、亲吻礼

据记载，在公元前，罗马与印度已流行有公开的亲吻礼，人们常用此礼来表达爱情、友情、尊敬或爱护。

亲吻礼往往与一定程度的拥抱相结合。不同身份的人，相互亲吻的部位也有所不同。一般而言，夫妻、恋人或情人之间，宜吻唇；长辈与晚辈之间，宜吻脸或额；平辈之间，宜贴面。在公开场合，关系亲密的女子之间可吻脸，男女之间可贴面，晚辈对尊长可吻额，男子对尊贵的女子可吻其手指或手背。

行吻手礼时，需要女士主动伸出手来，男士贸然去拉女士的手亲吻是不礼貌的行为。吻手礼通常以已婚妇女为对象。行礼前，男士一般会立正、致意，女士伸出手之后，男士用自己的右手（或双手）轻轻托起女士的手，以微闭的嘴唇亲吻女士的手背或手指背面（不可吻手腕以上）。女士身份地位较高时，男士有时还会略微屈膝，或作半跪状。

六、鞠躬礼

鞠躬礼在日本和韩国比较常用，分为15度、30度、45度鞠躬礼。位卑者先鞠躬，且鞠躬角度比位尊者大，持续时间也较长。

鞠躬的方法：脚后跟对齐站好；男士双手贴放于两腿外侧的裤缝处（见图3-34），脚尖分开30度至45度，女士两手相握自然下垂置于身前（见图3-35），脚尖分开15度至30度；保持上身、颈部、头部挺直，以胯为轴前倾身体（根据情况前倾角度有所不同）；身体前倾的同时，目光移至前方地面约1.5米处略作停顿，之后仍然保持上身、颈部、头部挺直，以胯为轴使身体回复原位，同时目光亦回复原位。在行15度鞠躬礼时，目光可以一直看着对方（注意保持微笑）。

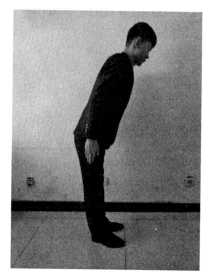
图3-34 男士鞠躬

图3-35 女士鞠躬

七、合十礼

合十礼常见于亚洲信奉佛教的国家和地区。这个动作除了表示问候，还可表示"谢谢你""对不起"。

合十礼的行礼方法：将两手手掌对合放在胸前，并且向前稍微躬身。手掌的高度应当在胸部至眼睛之间，对方地位越高，则手掌的高度越高。

需要注意的是：切不可把合着的手掌举过头顶，只有行佛礼时才这样做。

八、拱手礼

1. 拱手礼

拱手礼是中国古代沿用至今的礼节，《礼记·曲礼上》载："遭先生于道，趋而进，正立拱手。"相传双手抱拳的拱手姿势最初是模仿于前面戴手枷的奴隶，以示尊重及谦让之意；又说拱手礼源于古代"九拜"礼俗中的"空首"（先以两手拱至地，乃头至手，是为空首，以其头不至地，故名空首）。

拱手礼主要用于春节团拜、感谢、祝贺等场合。

拱手礼的行礼方法：上身挺直，双手合抱于胸前。男子吉礼（吉祥祝福）尚左（左手在外，右手在内）；左，阳也。丧礼（吊唁哀悯）尚右（右手在外，左手在内）；右，阴也。《礼记·檀弓上》载："孔子与门人立，拱而尚右，二三子亦皆尚右。孔子曰：'二三子之嗜学也，我则有姊之丧故也。'二三子皆尚左。"古代女子通常不行拱手礼而是道万福，若行拱手礼，按照"男左女右"的原则，应与男子相反：吉拜尚右，凶拜尚左。

2. 揖礼

若双手合抱并轻轻晃动，身体略前倾（鞠躬），称为"作揖"（推手、时揖），表示问候、致谢、邀请、讨教等。行揖礼时，是以拱手为基本姿势，辅之以上下左右的具体动作而成的一种礼节，还常伴以敬辞、谦辞等。

拱手与作揖常常混同一礼，俗称"拱手作揖"或"打拱作揖"。身体站立略向前倾，两手合抱拱手高举，然后自上方下移，称为"长揖"；双手高高拱起但不鞠躬，称为"高揖"；屈身（鞠躬）长揖谓之"打躬"。这些都比双手合抱而身体不动的礼节更重。

九、抚胸礼

抚胸礼又叫按胸礼。具体的做法是：左手自然下垂，将右手按在左胸前（手掌掌心向内、指尖朝向左上方），眼睛注视交往对象或目视正前方，头部端正或微微抬起，腰微微向前躬。

抚胸礼用来表示从内心里敬重对方或衷心地祝愿，在升国旗、奏国歌等隆重场合也较为常见。

抚胸礼常与其他礼节同时使用或依次进行，例如，鞠躬的同时行抚胸礼，或先握手再行抚胸礼，或先行抚胸礼再与对方握手。

第六节 介绍的礼仪

第一印象在社会交往中具有十分重要的意义。第一印象使别人对你产生一个初步判断——关于你的社会地位、教育程度、经济状况、社会经验、性格特点、道德水平以及可信赖度等。这些判断强烈地影响着别人对你现在的看法以及对你将来的估计。这种印象一旦形成，便能持续很久。

据很多人才公司的猎头顾问讲，他们见到面谈对象时，在与之握手的5~10秒钟内就已经决定了要不要把这个人推荐给某家公司。而接下来的2小时面谈，他们是在搜集更多资料来支持先前的看法。

见面是人与人交往的开始。初次见面时的礼节是汽车销售与服务人员给客户留下良好的第一印象的重要组成部分，是取得销售成功的重要保证。

一、为他人做介绍的方法

你和一位重要客户在办公室里谈话，这时你的老板走了进来——他们并不认识。这时你应该为他们做相互介绍，否则客户会因为有陌生人进来而暂时中断谈话，老板也会因为有陌生人在场而不便与你谈重要的事情，大家都会感到比较尴尬。从礼仪上讲，如果你不把某人介绍给别人，意味着你忽视了他或她的存在（虽然你可能内心里并没有要忽视他或她的意思）。

为他人做介绍应遵从"先将位卑者介绍给位尊者"的原则。

（1）先把晚辈介绍给长辈，再把长辈介绍给晚辈。
（2）先把低阶主管介绍给高阶主管，再把高阶主管介绍给低阶主管。
（3）先把自己公司的同事介绍给别家公司的同行，再把那位同行介绍给自己的同事。
（4）先把公司同事介绍给客户，再把客户介绍给自己的同事。
（5）先把个人介绍给集体。

例如，向本公司赵总经理介绍新来的员工小王时，应当先对赵总经理说："赵总经理，这是我们部门新来的员工小王。"然后再对小王说："小王，这是我们公司的赵总经理。"

在为别人做介绍时，应特别注意：虽然双方可能都是你的老朋友，但是他们却可能是第一次见面，所以一定使用尊称来称呼他们。如："李经理，这是我的同事王丽。"而不应当说："老李，这是我的同事丽丽。"介绍时可以用一两句话简要说明双方的特点，为双方提供更多的交谈内容，但切不可信息含糊或过于累赘。给他人做介绍的时候，不可以用一根手指指人，应将右手五指轻轻并拢，掌心向上略倾斜来指示（见图3-36）。

二、被介绍者的礼节

（1）被介绍者一般应起立，即使由于座位过于拥挤而无法立起，你也应当尽量做立起状。不起立意味着你的身份要高于对方。

（2）给予对方善意而礼貌的关注，不可表现得心不在焉，也不可让周围的其他事情分散你的注意力。

（3）握手——友好地表示信任和尊敬（位尊者先伸手）。

（4）以恰当的方式问候对方。如："您好，李经理。""很高兴见到您。"

（5）交谈结束互相道别。如："再见！""再见！以后常联系！""多谢您关照，我先告辞了！"

图 3-36 介绍他人的手势

道别的语言、动作、表情和刚见面时的语言、动作、表情同样非常重要，因为人类在记忆一连串的元素时，最前面的元素和最后的元素留下的印象尤为深刻，这是我们在前面已学习过的"首因效应"和"近因效应"。所谓"善始善终"就是这个道理。

三、自我介绍的方法

如果你没有被介绍或没有人为你做介绍时，可以主动做自我介绍。平时应当预先准备一下自我介绍的内容，做到表达简练、清晰、真实、流畅，并对着镜子反复进行练习，直到自己认为满意为止。

在众人面前介绍自己时，可以在报出自己的姓名及工作单位后，简要介绍一下自己的工作、个人特点或爱好等。不要不顾时间连篇累牍地介绍自己（表现得过于以自我为中心），也不要什么都不说便把话筒推给下一个人（表现得很不合群）。

另外，在介绍自己名字时，可以适当使用一些方法巧妙地加深对方对自己名字的印象，比如："我叫鲁星，山东的明星。"这样一来，别人就会很容易记住你这位"明星"了。

四、记住别人名字的方法

汽车销售与服务人员每天都要和很多人打交道，对于见过的人，哪怕是只谈过一两句话的人，如果下次见面时能够准确无误、亲切流畅地喊出对方的名字，无疑会使对方产生极大好感，他（她）会认为他（她）在你心目中非常重要，并且在以后的交往中和你拉近距离。

1. 礼貌重复法

礼貌重复法即在交谈中尽量称呼对方的名字，少用"你""先生""经理"这样无名无姓的通用代词。即使用头衔和尊称时，也尽量和姓名一起连用，如"王丽小姐是哪里人？"

"刘青经理的报告,我已经读过好几遍了。"这样,在谈话当中不断重复对方的姓名,并在分手时再次重复对方的姓名,会帮助我们很快记住对方。

2. 词汇记忆法

词汇记忆法即把对方的姓名与一些可能与之有联系的词汇关联起来记忆,也可以把单个文字拆成词汇来记忆。比如"凯利"可以记成"凯旋胜利","李忆山可以记成"十八子回忆大山"等。

3. 图像记忆法

图像记忆法即把对方的名字与对方形象中的某个特点联系起来,比如"高英的个子不太高""章连峰就是那个戴黑框眼镜的胖胖的矮个子""李红穿着蓝色的套裙"等。此法对于擅长图像记忆的人尤为好用。

每天的日常工作结束后,可以在晚上睡觉之前回顾一下白天见到了哪些人,他们叫什么名字、有什么特点,长此以往坚持下去,你的人脉体系一定会越来越扩大。

第七节　使用名片的礼仪

名片是一种给别人留下你的联络方式的简单易行的方法。在不同的场合应当使用不同的名片，这样可以给对方留下不同的印象。一般的社交名片只印姓名、电话、传真、地址、E-mail，而公务名片则加印公司名称、办事处地址、职衔等。在与客户交往的场合应当使用公务名片，给对方正式的、可信的感觉；与一般朋友交往时，应该使用社交名片，否则职务、头衔等会使对方产生疏远的感觉。

在工作中，汽车销售与服务人员需要经常使用名片，在递接名片时应当遵循一定的礼节。

一、递送名片

名片代表着你的形象，应当保持整洁，不可将折叠或破损的名片送给别人。因此，精致的名片夹不失为一个明智的选择。自己的名片应当放在便于拿出的地方，比如公文包的最外侧夹层里、西服的内袋。汽车销售与服务人员在展厅中应该将名片放在展台上方便领取，平时一定要携带充足的名片，这样才能抓住每一个销售机会。

赠送礼品、鲜花时，可以附上名片；拜访客户时，即使对方恰巧不在，也可以留下名片，便于客户联系。

递送名片应用双手递出，以示对对方的尊重。通常职务低者先递出名片。递出名片者应将名片文字正面与对方视线方向一致，这样对方接受名片后可以直接阅读（见图3-37）。同时向多人递送名片时，可按照"由尊而卑、由近而远"的顺序依次递送。

二、接受名片

接受他人名片时，应当用双手或右手接过来，同时表示感谢并立即阅读。如有任何疑问应当立即问明（如某些多音字等），以免事后尴尬。他人的名片应当恭敬地收在妥当的地方（如西装内袋或公文包里），不可随意乱放，也不宜当着对方的面放入自己的裤子口袋。

收好对方的名片以后，应当随之递上自己的名

图3-37　递名片

片。如果你接收了对方的名片却不递上自己的名片，也不向对方说明原因，这是不礼貌的行为。

汽车销售与服务人员每天都有很多机会能够得到名片，日积月累便能够成为一张威力巨大的"关系网"。对于大量的名片一定要定期分类整理，条件允许的话，还可以根据名片建立电子版本的通信录，使其发挥出最大作用。

三、名片的设计

名片是汽车销售与服务人员日常社会交往中不可缺少的小道具，被很多人称为"第二张脸"。所以，设计、制作名片时应多花一些心思，使它能够反映出你独特的品位与风格，能够一下子吸引对方的注意力，给对方留下良好的、深刻的印象。当然，每个企业的名片都有一定的模式，但是如同职业服装一样，只要你多动脑筋，也一样能够展现个人的魅力。

常见的名片设计有横、竖两种版式。

（1）横式：行序自上而下，字序自左至右。

参考格式：

第一行：单位图标、名称（顶格书写）；

第二行：姓名（字号较大，居中），若有职务或职称等以小字标于姓名右侧；

第三、第四行：通信地址、邮政编码、电话、E-mail。

（2）竖式：列序由右至左，字序由上而下。

参考格式：

第一列：单位图标、名称（顶格书写）；

第二列：姓名（字号较大，居中），若有职务或职称等以小字标于姓名左下侧；

第三列、第四列：通信地址、邮政编码、电话、E-mail。

印制名片一定要选择质量上乘、做工精美的纸张，不可在这方面过于吝啬。要知道，这小小的名片体现的是"品质"和"态度"，切不可大意！

第八节 接打电话的礼仪

你可能听说过这样一句话,"生意有两个入口,一个是大门,一个是电话。"作为汽车销售与服务人员,电话是必不可少的重要工具。一次礼貌的接听,可能会将准顾客变成顾客;而一次失礼的电话,也可能会让顾客投入竞争者的怀抱。

一、接打电话的一般方法

1. 接打电话的仪态

(1)上身正直,这样有利于保持视野开阔、呼吸顺畅的状态,对身心健康都有重要作用。打电话的时候对方无法看到你的表情,因此你的语音语调显得比平时更为重要。用清晰、规范的语言,适中的音量和语速,平稳、柔和、愉快的音调接打电话,对方才能感受到你拥有良好的职业素养和热情的态度。尽管对方看不见你的微笑,但是却可以"听见"你的微笑。

(2)左手持电话听筒,使右手能够方便地持笔记录谈话内容的要点。如果你习惯用左手写字,那么就用右手持电话听筒。接听手机也同理,如图3-38所示。

(3)双脚放在地板上,不可跷二郎腿,也不可身体歪斜,否则会影响发声。懒散的姿势会让你的声音听上去也很懒散。如果你打电话的时候,弯着腰,驼着背,趴在桌子上,对方听到的声音就是有气无力、无精打采的。只有姿势端正,身体挺直,所发出的声音才会亲切明朗,充满活力。

(4)服装简洁、整齐、庄重,如果服装怪异、休闲,会影响心态,继而导致声音的"非职业化"。

(5)在社交场合中,千万不能一边打电话一边嚼口香糖或吃东西、喝水,否则对方会感到你对他非常不尊重,你的职业形象也会因此大打折扣!

2. 电话范例

接电话或打电话时应当按照一定的程序进行。请看下面的范例。

(电话铃响过两声之后,接电话者吴玫,将声音调整到"微笑"状态并拿起了电话。)

图3-38 接电话的姿势

吴玫：国际公司市场部。您好！

张骞：您好！我是中华公司业务部的张骞。请问王琦明经理在吗？

吴玫：在，请稍等。（将电话交给王琦明）

王琦明：您好！我是王琦明。

张骞：您好！我是中华公司业务部的张骞。您订的货今天已经到了，我打算早点儿给您送过去。您看什么时间方便？

王琦明：明天可以吗？

张骞：可以。明天几点？

王琦明：明天下午3点，送到总务科，交给赵红。

张骞：（重复刚才的要点并在纸上做记录）好，明天下午3点，交给总务科的赵红，支票也由赵红交给我，是吗？

王琦明：是的。

张骞：好的。打扰您了！

王琦明：不用客气，再见！

张骞：再见。

二、接打电话的礼仪要点

（1）在电话铃响2~4声时接听。

（2）接、打电话的双方都应当主动通报自己的单位、姓名，避免出现"寒暄了10分钟后某一方还没搞清对方是谁"的情况。如果预计谈话时间可能较长，打电话的人应当首先询问对方现在谈话是否方便，给对方留下"通情达理、善解人意"的印象，会对谈话结果产生良好的影响。

（3）长时间外出，应交代清楚去向与联系方法，否则容易失去很多机会。可以由同事转告，也可以用录音电话"代劳"。

（4）电话机旁应常备纸和笔，随时做好记录。必要时重复确认重要信息，避免记录错误。

（5）若是拨打公务电话，应当尽量在受话人上班10分钟以后或下班10分钟以前拨打，给对方留出比较从容的应答时间。如果没有紧急事件，不要在对方休息的时间内打电话（比如早晨7点之前、晚上10点之后、午休时间等），打电话也应尽量避开对方可能正在用餐的时间。

（6）电话拨通后，如果铃响三四声后无人接听，不要急于挂电话，要耐心等到铃响七八声后再挂断，避免对方刚好拿起电话时断线。

（7）如果按错了号码，一定要说"对不起，打错了，再见"，然后再挂断。现在很多电话都有来电显示功能，不说话就挂断，别人会把你的号码列入黑名单。在接到打错了的电话时，应当宽容待人，不要说一声"神经病！"然后砰的一声挂断电话。

（8）打电话时，如果需要拜托接电话的人替你叫另一个人接电话，应当客气地说话，比如："麻烦您帮我找一下刘立，好吗？不可以命令对方："叫刘立接电话！"

（9）接电话时，如果对方要找的人不在，应当礼貌地询问对方是否需要留言，而不应当盘问对方"你是谁？你找他什么事？"。你可以这样问："您是再打过来，还是给他留言呢？"这样就把是否由你转告的主动权给了打电话者，他（她）会觉得你非常尊重他（她）。记录留言时应当注意以下几个方面。

① 要从留言者的角度来记录，有疑问的地方要立刻确认清楚。

② 人名、日期、时间都要书写清楚。

③ 通话结束之前，应当向留言者复述留言要点，请对方确认。

④ 把留言记录本放在桌上显眼的地方，以免自己忘记转告当事人。如果使用的是留言条，则应当用胶带粘在显眼的位置，以防遗失。

⑤ 把留言条交给当事人的时候，还应同时口头传达一次。如果对方要找的人刚好出差了，而对方又有紧急的事情，那么在不泄密的前提之下，可以把出差人的电话号码告诉对方；也可以直接和出差的人联系，由出差人再和对方联系。

（10）切忌接到找别人的电话后先问对方是谁，然后再告诉对方要找的人在不在，这样对方会误以为你是"因人而异"。

（11）通话过程中如果线路突然中断，应当由打电话的人重拨。

（12）需要结束通话时，一般由打电话的一方提出结束通话的意向，然后双方明确地以"再见"作为结束语客气地道别，再轻轻挂上电话（一般是尊者先挂断），不可只管自己讲完就挂断电话。

（13）如果接到从本公司外部打来的询问或调查公司内部情况的电话，应当先记下对方的电话号码，告诉对方过一会儿再回电话，然后报告上级，并在得到指示之后再做处理。

（14）电话免提功能常用于公共电话会议或电话采访，如果是一对一通话，使用免提功能之前要征得对方的允许。

三、使用手机的礼仪

目前，手机已经成为人们必须随身携带的、不可缺少的通信工具，它为我们的工作带来了极大的方便。但使用手机时一定要考虑到周围的人，不要因为自己的电话而干扰别人。

（1）在从事社交活动时，应当把手机放在公文包或手提包中，不要挂在脖子上或挂在腰带上。笔者曾经在街上看到一位女士在铃声响起以后，撩起上衣从裙子腰带上取下手机，形象实在不雅。

（2）在公众集会场合以及重要公务场合，必须关闭手机或将铃声模式转为"静音"状态。在影剧院、博物馆、音乐会、课堂、会议室里，不要打手机，也不要让铃声干扰别人。会见重要客户之前，一定记住"安置"好自己的手机，不要让谈话因为铃声而中断。要知道，这样的"偶然"因素也许会把生意搞砸！

（3）与他人会面（用餐）时，如果实在有重要电话要接，在铃声响起之后应当向会面的人说声"对不起"，然后到方便的地方接听，通话时间不要太长。当着别人的面旁若无人地打电话是不礼貌的。

（4）在公众场合打手机时，要尽量找人少的地方并控制自己的音量。

四、常用电话礼貌用语

"您好/早上好/下午好××公司××部（我是××公司的××）。"

"您好！××公司××部，××（姓名或工号）为您服务，请问有什么可以帮您？"

"请稍等，我马上……"

"不好意思，让您久等了。"

"很抱歉，他现在不在，估计××（时间）能回来。您是再打电话，还是留言呢？"

"（对方留言后）我再确认一下，您的电话号码（或其他要点）是×××吗？好的，一定为您转达过去。"

"很抱歉，我这里是技术部，不是您要找的销售部。销售部的分机×××，我给您转接过去好吗（不好意思，麻烦您再拨一遍好吗）？"

"请问，还有什么需要我为您做的吗？"

"谢谢！"

"再见！"

第九节　网络通信礼仪

目前，网上交流已经成为大多数职场人员日常工作最主要的方式之一。网络尽管是一个虚拟世界，但它仍然能够将人性的基本面貌淋漓尽致地反映出来。虚拟世界并不是虚幻世界，它能使每一个人的个人修养和素质真实展现。网络世界对于每个人来说都是公平的、自由的，它需要大家有更多的自律性，能够自觉遵守网络礼仪，这样才能营造一个诚信、高效的网络环境。

一、使用电子邮件的礼仪

电子邮件与传统信件相比具有方便、快捷、经济、高效等优点，目前已在很大程度上取代了传统的书信。和传统的通信方式一样，在收发电子邮件时也应当注意遵守基本的礼仪。

1. 注意保密

一般单位的文件秘密级别可以分为"绝密""机密""密""普通"等四个级别。只有其中的"普通"文件可以用电子邮件通过因特网发送。凡带有"密"字的文件只允许在单位内部局域网络的保密范围内传送，严禁用电子邮件通过因特网发送。

2. 在地址输入框内准确无误地键入对方的邮箱地址

填写完收件人地址后一定要再次检查，避免误将邮件发送给他人。回复他人邮件时一定要再次检查收件人地址是否正确。

3. 慎重使用邮件群发功能

汽车销售与服务人员在日常工作中，常常会遇到需要将同一内容的邮件群发给很多收件人的情况。需要特别注意的是，一定要分清楚发送邮件时的"并列收件人""抄送""密送"（有的邮箱称之为"暗送"）功能的区别。

首先，要了解在邮件发送操作中有下面几个概念。

（1）收件人地址。收件人是你所发送邮件的接收者，你可以直接填写他的邮件地址，或者单击写信页右侧的通信录中的联系人来添加。收件人可以并列多个，通常以分号隔开。

（2）抄送地址。单击"添加抄送地址"打开抄送地址输入框，抄送地址也是你所发送邮件的接收者，你可以直接填写对方的邮件地址，或者单击写信页右侧的通信录中的联系人来添加。

（3）暗送地址。单击"添加暗送地址"打开地址输入框，暗送地址也是你所发送邮件的接收者，你可以直接填写他的邮件地址，或者单击写信页右侧的通信录中的联系人来添加。对方收到邮件时，收件人和抄送人的邮箱中不会显示暗送人地址。

群发邮件时，可以采用以上所述的"并列收件人""抄送""密送"（暗送）三种形式之一。

如果你给某人和其他人一起发邮件时，不介意大家知道你在同时发给其他人，则可以使用"收件人"和"抄送"地址栏。邮件的所有收件人都能够看到其他收件人姓名以及你指定为"抄送"的收件人地址，但看不到"密送"中所列的地址。

"密送"代表"不显示的副本"，这极相似于"抄送"功能，只不过"密送的收件人姓名、地址不会被其他收件人看到，而"收件人"和"抄送"字段中的收件人地址彼此都能看见。

假如你给很多客户一起发邮件，此时就不应当使用"并列收件人"和"抄送"，否则原本不认识的客户之间，可能通过你的邮件，得到了其他不认识的客户的姓名和邮件地址。而泄露客户个人信息的人，就是你了。此时，使用"密送"更为妥当。

但是，即使是"密送"，也要慎重使用，因为对方的邮箱可能还有"全部回复"的功能。不同邮箱的"全部回复"功能不同。我们再来看两个回复操作中的概念。

（1）回复。选择一封邮件，单击"回复"链接，将进入写邮件页，回复邮件给发件人。此功能是一对一形式，"谁发给我，我就给谁回复"。

（2）全部回复。选择一封邮件，单击"全部回复"链接，将进入写邮件页，有的邮箱的"全部回复"功能，是回复给发件人在发送该封邮件时所填写的"发件人"和"抄送"地址栏中的所有邮件地址。在有些邮箱中"全部回复"不回复给并列收件人，所有并列收件人地址在收件人的收信页面中都能看到。"抄送"的所有地址可以被"全部回复"，并列收件人则不能直接"全部回复"。这就是某些邮箱"并列收件人"和"抄送"的区别。

注意，有的邮箱的"全部回复"功能很强大，是回复给发件人在发送该封邮件时填写的所有"并列收件人""抄送""密送"的邮件地址。也就是说，如果对方邮箱具有密送"全部回复"功能，那么无论你是使用"并列收件人""抄送"还是"密送"，当对方单击"全部回复"时，你群发的所有邮箱姓名、地址都将出现在回复邮件页面的"收件人"输入框中。也就是说，无论你是否"密送"，都无法真正保密。这样不但客户名址全部泄露，而且更严重的情况是，如果回复人也是个马大哈，随便点了"全部回复"而没有注意到"收件人"输入框中自动跳出了那么多人的地址，那么他给你一个人回复的邮件，有可能同时发给了一群不相干的人，这会给我们的工作带来极大的麻烦。

综上所述，一定要慎重使用群发邮件功能。发给重要人物的重要邮件一定要一对一单独发送。在进行群发操作之前，要慎重考虑所采用的操作方式是否妥当。发送不重要的通告式非保密邮件时，可以在特定地址非保密组群里以三种形式群发，但要根据对方邮箱的特性，慎重选择群发方式。

4. 在主题输入框内必须简明扼要地书写邮件主题

电子邮件的使用已日渐普及，你的发送对象也许每天要收到很多电子邮件，其中会有很多不明来历的无主题邮件。由于网络世界出现了很多随电子邮件传播的计算机病毒，所以很多使用者都被计算机专家告知"一定要删除来历不明的，尤其是无主题的邮件，千万不要去阅读它"！所以，当你发送电子邮件时，一定要在"主题栏"填上明确的主题，以免自己的邮件遭受未被阅读便被删除的命运。

如果你所发送的电子邮件带有附件，那么一定要在正文中说明，否则有可能被对方忽略。如果附件所使用的软件比较特殊，应当向对方说明使用方法。另外，考虑到对方邮箱的容量，所发送的附件容量不要过大。

5. 注意使用传统的信函格式

汽车销售与服务人员发给领导、同事、客户、老师、长辈、同学等人的工作邮件或非亲密关系社交邮件，都必须使用传统的信函格式。

传统的信函格式，包括称谓、问候语、正文、敬祝语、具名语、日期六个部分。

（1）称谓。书信中的称谓是写信人对收信人的称呼，它表示写信人与收信人的关系。称呼写在第一行，要顶格写，后面加冒号，对收信人的称呼要根据发信人与收信人的关系来定，还要考虑具体情况。例如："敬爱的李部长""尊敬的张经理""李老师""王先生"等。直呼其名只限于较亲密或熟悉的人之间。书信最后的署名也要按照自己和收信人的关系来写，与开头的称呼相对应。

（2）问候语。称谓之后，另起一行空两格，书写问候语，如"您好！""近来身体可好？""最近工作一定很忙吧！"等。

（3）正文。正文书写时要另起一行空两格。继续书写内容时，可以转行分段叙述，每一段开头空两格。

（4）敬祝语。敬祝语位于正文后，一般是表示祝愿或敬意的敬语、祝词。在公务书信中，即使是最简洁的信件，也不可省略敬祝语，否则会失去公务信件的正式感。

具体的敬祝语应根据双方的关系来定。敬祝语由两部分组成，前一部分（如"此致""祝颂""祝""谨祝""预祝"等）应单独占一行，左起空两格；后一部分（如"敬礼""最诚挚的敬礼""安康""工作顺利""身体健康""节日愉快""一帆风顺"等）必须另起一行顶格写。

（5）具名语。具名语是写信人的姓名加身份和修饰语，要与称呼相适应，写在敬祝语的右下角区域。

（6）日期。日期是传统邮件必须的部分，写在具名语的下面略靠右。电子邮件上通常自附发送时间，遇到一天之内频繁往返发送邮件的情况时，可以省略日期。

6. 邮件内容应简明扼要

由于人们的工作节奏越来越快，发邮件时除了附加的必需文件，正文的内容一般不超过两页，以免对方没有时间和耐心读完你的邮件。如果发送的是长篇的资料，应选择以附件形式发送。附件过大时可分几次发送，便于对方查收。发送附件时应以正文说明，正文不可为空。

7. 邮件用语要礼貌规范

撰写英文邮件时不可全部采用大写英文，否则像是在向对方吼叫。慎用网络流行语。

人们在网上聊天时常常使用一些符号表示一定的语气或表情,如":)"表示"微笑",而"orz"表示你在"逗笑"等。在比较正式的邮件中应当慎重采用或避免采用这些符号,除非你和对方已相当熟悉。

8. 发送之前一定要仔细校对

写完电子邮件之后,一定要先仔细校对一至两遍,然后再发送出去。人在一边思考一边打字时很容易出错,而电子邮件的特点是一旦按下发送键,信件马上就会被对方收到。万一产生错误,会使你和你的公司形象受损,某些错误甚至会造成经济损失。因此,发送之前一定要反复核对收信人地址、主题、附件以及正文内容文字是否正确、语气是否恰当。

9. 重要邮件发送后可短信告知对方

重要或紧急的邮件在发送之后,可以用手机短信提醒对方查收。短信内容要求简明扼要,阐明重点,措辞礼貌。

10. 定期查看邮件并及时回复

如果你使用电子邮件与客户交往,那么你每天至少要上网查看一次电子邮箱。人们使用电子邮件的重要原因之一便是它的快捷特性,假如你过上一个星期才想起来看一次邮箱,恐怕很多机会也就失去了!

收到邮件后要尽快回复,即使你无法立即回答对方问题,也应当马上回信告知对方来信已收到,之后再择时另发邮件予以具体回复。

11. 定期整理邮箱

收到重要邮件要及时拷贝保存,垃圾邮件也要及时清除。如果收到的邮件没有标题,同时发信人也很可疑(或者标题和发信人看上去都很可疑),最好不要打开这封邮件,并将它"永久删除";也可以先使用防毒软件扫描之后再打开,以确保计算机安全。平时所使用的计算机防毒软件也应随时更新。

12. 尊重他人隐私

在接到别人的信件后,未经发件人同意,不可随便将来信转发给其他人,这与使用传统邮件时不可将别人寄给你的信公之于众是一个道理。

二、使用即时通信工具的礼仪

MSN、QQ等即时通信工具,正在被越来越多的人使用。在使用这些即时通信工具时,一定要注意遵守礼仪,给沟通对象留下符合自己职业身份的良好印象。

1. 选择适当的使用时机

如果单位规定上班时间不得使用即时通信工具,那么员工一定要自觉遵守;允许使用的情况下,也要注意选择适宜的使用时机,既不要耽误自己的工作,也不要对他人的生活和工作造成干扰。工作很忙的时候尽量不要上线。工作忙又必须上线的时候,可以将自己的状态设置成"忙碌"或"隐身"。如果对方正处于"忙碌"状态,尽量不要打扰对方;确实有事的话,要发简短而明确的信息,便于对方回应。

2. 塑造符合身份的网络形象

利用即时通信工具进行沟通时，一定要注意在网络里塑造符合自己职业身份的形象。用户名应具有正式感，最好使用真实姓名或固定网名，给客户一个真实可信的印象。不要随意变更用户名（或昵称）和头像。不要使用"臭虫""狗尾草"等有碍职业形象的用户名（或昵称），上传的头像也应给对方留下美好的印象。如果有很多与工作无关的亲朋好友同时在线，那么最好申请两个用户名，一个用于工作通信，一个用于社交通信。

3. 语言要优美

使用文字"谈话"时要注意，在发送之前检查一下，看看语法、用词是否正确，不要引起对方的误解。不要发强迫性的链接消息，不要发任何含有违反法律、违反规章制度和具有不道德性质的消息。正式会谈当中，要慎重使用图释，不要使用夸张的、滑稽的图释，也不要使用闪屏等让对方感觉不舒服的功能。遇到别人不愿意回答的问题，不要刨根问底。

4. 注意保密

涉及单位秘密（如秘密文件、机密文件、绝密文件等）或个人隐私（如身份证号码、银行卡密码等）的消息，严禁通过即时通信工具发送。平时要使用先进的杀毒软件，避免病毒入侵窃密。不要随意使用视频通信。

5. 礼貌沟通

上线时要使用礼貌用语问候对方，但不要使用"在吗？""Hi"等不正式的语言。中途离开要提前通知对方，告知大约多久回来，不要让对方苦苦等待，耽误对方时间。上线时相互问候过的人，在下线时也要礼貌地道别，不要让对话"无疾而终"。

6. 保存聊天记录

保存聊天记录有利于事后查阅、妥善处理，可以为日后的工作留下档案和凭据。

第十节　办公室礼仪

办公室是处理日常工作的重要场所，在这里你会与同事们朝夕相处，还会经常在这里接待客户。因此，创造一个有利于事业成功的办公室环境是非常重要的。通常应当注意以下几个方面。

（1）保持办公室环境干净、整齐，物品摆放井然有序。从办公桌的状态可以看出工作人员的工作状态。任何时候桌面都井然有序的人，一般来说工作也会做得干净利索、一丝不苟。为了更有效地完成工作，办公桌上应当只摆放手头正在处理的工作的有关资料。如果工作人员暂时离开座位，应将文件覆盖起来，保密的资料应当随时收存。在每天下班前应做好第二天的准备工作。下班时，桌面上除台式计算机以外的其他工作物品或资料都应该收起来，放进抽屉里或文件柜中，椅子要归位，如图3-39所示。

图3-39　下班前物品要归位

（2）在办公室里不要使用不雅、戏谑的绰号或昵称。这是因为虽然有时使用"老鬼头""宝贝儿""小子""丫头"等称呼会使双方显得亲近，但是在工作场所使用此类称呼会在别人心目中降低此人的身份，有损于他（她）的专业形象。

（3）保持良好的仪态风范。不要匆匆忙忙地走路，也不要慌慌张张地做事。正确的走路姿态应当是安静的、稳重的，不要一边走路一边大声说笑，以免干扰别人办公。人的心理与行为有互动作用，心里慌乱则会手忙脚乱；反过来如果能够保持动作的稳重有序，内心的慌乱也容易慢慢平息下来。如果没有火灾、某人突然晕倒等突发意外情况，一般不允许在工作场所内跑动（可以快走）。微笑要恰到好处、落落大方。站立时要收腹挺胸，给人以精神饱满的感觉。坐姿须稳重，背要直，不要跷腿叉脚、歪肩斜背，或瘫坐于椅子或沙发上。不要坐或倚靠在桌子、工作台或设备上，手不要放在衣袋里。

（4）控制自己的声音。一个人如果说话声音坚定而洪亮（并非大喊大叫），那么在别人看来他（她）是充满自信的。我们听到的自己的声音，和其他人听到的是不大相同的。用录音机录下自己的声音，可以帮助我们分析自己的音质、音调、语速。如有机会可以专门学习发声方法。

（5）穿着打扮应当符合本行业、本企业规范，具有职业风范。

（6）遵守各项规章制度，不迟到，不早退。

（7）敲门的礼节。办公室关着门时如果有人敲门，门内的人根据敲门的位置和声音就可以判断来人的情况——是自信的还是自卑的，是情绪急躁的还是情绪稳定的，等等。因此掌握敲门的礼节很重要。敲门时手的高度应当在距离地面1.6米左右，用力适中，节奏稳定，不急不慢。如果门口装有门铃，应当按门铃而不要敲门。通常门铃只按一次即可。如果无人应答，应当间隔10秒钟以后再按。另外，开/关门时注意不要用力过猛，以免引起他人不悦。

（8）递接物品的注意事项。尽量用双手递接物品以示尊重。不能用双手时，应用右手递送物品。递接物品时不可以尖端对人。递给客户笔、刀子、剪刀等物品时应当自己握住尖端，把安全的一端递给客户，如图3-40~图3-42所示。

图3-40 递笔的方法

图3-41 递刀子的方法

图3-42 递剪刀的方法

（9）不要霸占公用的传真机、复印机、打印机，要爱护这些设备，并且充分考虑其他人的需要。如果对这些设备不熟悉，则应先阅读使用说明书；如果同事们不忙，也可向他们请教。千万不能随意乱用，或者粗暴对待这些设备，比如在复印机不工作时猛砸复印机，或者在传真机卡纸时硬从传真机内向外拽那些卡住的纸张。在设备使用的高峰时间内不要长时间占用设备。设备使用完毕后应当调整至常规状态。

（10）关心他人，关心集体，言谈举止庄重优雅，尊重他人。如果有尊者来办公室拜访，应当站起来打招呼以示尊重。注意尊重他人的空间和隐私，闲来无事的时候不要随意进入他人办公室去打扰别人，更不要不顾别人是否有工作要做而一味闲聊。尤其注意不要对别人评头品足，不要无意中传播是非或未经证实的小道消息。工作时间如果有事要外出，应当事先和领导或同事交代清楚自己的去向以及需要同事帮忙代办的工作。与人交谈时使用礼貌用语。

（11）如果在办公室里用餐，用餐完毕之后，所用的一次性餐具要立刻扔到卫生间的垃圾箱里，不要长时间摆在办公室里。不要带具有很浓烈气味的食物（比如臭豆腐）到办公室来。用餐的时候不可将汤汤水水溅得到处都是，也不可发出很大的响声。如果食物掉在地上，最好马上捡起来扔掉。餐后必须打扫桌面和地面。用餐时如有客户来访，一定要立刻收起餐具。用餐完毕之后，要去洗手间漱口或刷牙，并整理仪容仪表。

（12）使用卫生间的礼仪。如果你想了解某个企业的员工素质以及企业管理水平，可以先去看该企业的卫生间。如果你看到的都是没冲水的马桶，说明使用该卫生间的大多数人缺乏自律性和团队意识；如果你看到下水道已经堵塞或水龙头正在漏水，说明该企业的管理有很大问题和漏洞。有人总结出卫生卫生间十大恶劣行为：不冲水，用脚踩冲水把手，弄脏地面，乱扔东西堵塞下水道，不节约使用卫生纸和洗手液，不关门，不敲门，占用卫生间时间过长，不排队。除此之外，在洗手的时候，还应注意不要把水溅出盆外或到处乱甩；排队时，应从洗手间的门口开始排队，不要直接走到某个小门前排队。

第十一节 行进与位次礼仪

汽车销售与服务人员在每天的工作当中，时常会与同事、客户同行，有时还会坐下来和对方进行深入的沟通和交流。在这些过程中，有很多礼仪的细节需要汽车销售与服务人员加以注意。

一、行走的礼仪

（1）行走时，应当在人行道内行走，没有人行道时要紧靠道路右侧行走。行人不得进入机动车或非机动车道，也不得进入高速公路、高架道路等封闭式的机动车专用道路。

（2）行人横过行车道路时，如果道路上设有行人过街天桥或者地下道路等过街设施，行人首先应当从过街设施内通过；没有过街设施的，才能从人行横道线内通过；没有人行横道线的，则要求在确认安全的情况下直行通过。行人横过车行道路时，要注意观察来往车辆的情况，不可在车辆临近时突然加速横穿，也不可在中途倒退、折返。

（3）行人通过有交通信号灯的人行横道时，应当遵守人行横道交通信号灯的规定；未设置人行横道交通信号灯的路口，应当遵守机动车交通信号灯的规定：绿灯亮时，准许通行；红灯或黄灯亮时，禁止通行。但是已进入人行横道的，可以继续通过。如果机动车遇到绿灯放行已经临近时，行人不应当再前行，可以在道路中心线的地方等候通行。

（4）不要跨越、倚坐道路隔离设施，不得扒车、强行拦车或者实施妨碍道路交通安全的其他行为。

（5）通过铁路道口时，应当按照交通信号灯或者管理人员的指挥通行；没有交通信号灯和管理人员时，应当确认无火车驶临后，迅速通过。

（6）与尊者一起在道路上行走时，应请尊者走在远离快车道的安全一侧。多人行走时，尊者通常居中或居前；两人行走时，尊者通常居右。遇到尊者不认识路需要引领时，引领者方向居于前侧方，一边走一边略侧身为尊者指示方向。

（7）与工作交往对象一起行走时，要注意保持自身形象。两人并排行走时，不要携手、挽臂、搭肩、搂抱；多人行走时，应列纵队前行，不要阻塞道路妨碍他人行走。

（8）路遇熟人时应与对方打招呼，若需交谈则应靠边站立，不要挡住他人的去路。行走时若遇到他人站立谈话，应绕路而行，不要从谈话人中间穿过。

（9）通过门厅或狭窄的路段时要礼让他人，请尊者先行。

（10）行走时仪态应端庄稳重，表情应自然，不要目中无人或盯着别人看，也不要尾随于其他人身后，甚至对其窥视、围观或指指点点。

（11）行走时不要在他人居所或单位附近进行观望，不要擅自进他人的草坪、花园等处。

（12）行走不要吃、喝或吸烟。

（13）行走受阻时，应说"对不起，请让我过去"等礼貌用语。不小心碰到别人或踩到别人脚时，应立刻道歉。

（14）在人多拥挤的地方应动作稳重，与他人行走速度一致，不要嬉笑、打闹、逗留或大声喧哗。

二、上下楼梯的礼仪

（1）无论上楼梯还是下楼梯，都应尽量单行、右行，这样可以避免在楼梯转弯处与他人碰撞。

（2）上下楼梯时应稳重慢行、礼让行人。迎面遇到尊者上下楼梯时，应在距离尊者约3个台阶的地方停住并靠边站立，同时面向对方微笑致意，待尊者走过之后自己再继续行进。

（3）与尊者同行时，从安全的角度考虑，上楼梯时应请尊者先行，下楼梯时应请尊者走在自己身后。与女士同行时，可请女士处于楼梯居下的位置。

（4）上下楼梯时不要拥挤抢行。

（5）不要在楼梯上坐卧停留。

三、乘自动扶梯的礼仪

（1）乘自动扶梯时，应靠右侧站立，将左侧的通道让出来以便有急事的人可顺着左侧的通道在扶梯上行走，获得更快的速度。

（2）出于"方便保护尊者安全"的目的，应请尊者居于比自己靠上一个台阶的位置；与女士同行时，可请女士处于居下的位置。

（3）自己有急事需要在扶梯上行走时，应靠左侧通行。需要别人让路时，应说："对不起"或"劳驾，让我过去可以吗？"

（4）不可坐于自动扶梯之上。

（5）不可将重物置于扶梯的扶手带上。

（6）乘自动扶梯时不要拥挤打闹。

（7）不要站在台阶边缘处，不要触摸扶梯间隙处，以免发生危险。

四、乘电梯礼仪

电梯虽然不是必不可少的公共服务设施，但也是很多汽车销售与服务人员每天必乘的交通工具。正因为电梯是一个公共场所，所以搭乘电梯的汽车销售与服务人员要特别注意遵守乘电梯的礼仪，否则，轻者会对自身形象和单位形象产生不良的影响，重者会妨碍他人的乘梯安全。

（1）等待电梯时，应靠电梯门的两侧站立，自觉排队，礼让尊者。与尊者同行时，应主动按下目标方向的电梯按钮。如果电梯按钮指示灯已亮，就不要再反复按下或敲打按钮。等待电梯时要尽量保持安静，不要旁若无人地大声喧哗。

（2）入电梯时要按次序行进，不要拥挤抢行。与尊者同行时，如果电梯里已经有人在操控电梯了，此时应请尊者先行进入电梯。为保证电梯门不会关闭夹住尊者，可以在自己进入之前按住电梯门外与电梯行进方向相符的按钮。进入无人操控的电梯时，陪同尊者的人员当中应有一位先进去操控电梯，其他人按照"尊者先行"的原则依次进入。

操控电梯的方法：一只手按住开门钮，另一只手挡住门，防止电梯关门的时候夹住其他人（见图3-43）。

电梯到达某层时，应主动按住"开"的按钮，提示大家所到楼层。所有人员出入完毕时，应询问刚入电梯者"请问您要到几层？"，然后帮其按下数字钮。电梯到达自己要去的楼层时，一手按住开门钮，另一只手挡住门，待其他人走出电梯后，自己随后出来。

（3）出电梯时要请尊者先出。遇到人多拥挤的特殊情况时，站在最靠近门的人应先出去按住门外与电梯行进方向相符的按钮，这样可以为尊者让出通道，并且能够控制住电梯门，保证电梯门不会自动关闭夹住尊者。

（4）如果刚进入电梯就听到电梯满员的提示音响起，应立即主动下来，不要长时间不动等待他人离开。

图3-43　乘坐电梯

（5）进入电梯后应寻找合适的站立位置，不要妨碍后面的人进入电梯；有其他人要出电梯时应主动礼让。

（6）乘电梯遇到陌生人时也要保持礼貌，表情、目光要温和有礼。别人为自己按楼层按钮、让路时，要立即道谢。人多拥挤时，在下电梯之前要提前换好位置。上电梯后自己无法按楼层按钮时，应当请靠近按钮的乘客帮助自己："劳驾，请您帮我按第8层，谢谢！"非不得已情况下，尽量不要碰触他人。无意中碰触他人或踩到别人的脚时，要立刻道歉。公事和私事都不宜在电梯里与他人讨论。

（7）发生火灾、地震等危险情况时禁止乘坐电梯。

五、乘坐小轿车的礼仪

1. 座次安排

汽车销售与服务人员在工作及参加各项活动的过程中，会经常遇到与同事或客户一起乘坐小轿车的情况。乘坐小轿车时，应当特别注意座次的安排方法。按照国际惯例，小轿车的座次安排分为两种情况（以双排五座轿车为例）：

（1）当专职司机驾车（如乘坐出租车）时，其排位自高至低依次为：后排右座、后排左座、后排中座、副驾驶座，如图3-44（1）所示。此时的副驾驶座则被称为"随员座"，循例专供秘书、翻译、警卫、陪同等随从人员就座，便于帮助后排右座的贵宾开关车门为司机引路，还方便与出租车司机结账。

（2）当主人或领导（如总经理）亲自驾车时，其排位自高至低依次为：副驾驶座、后排右座、后排左座、后排中座，如图3-44（2）所示。当主人或领导亲自驾车时，若一个人乘车，则必须坐在副驾驶座上；若多人乘车，则必须推举一人坐在副驾驶座上，不然就是对主人或领导的失礼。

车前方		
司机		副驾驶（4）
后排左（2）	后排中（3）	后排右（1）
当专职司机驾车（如乘坐出租车）时		

（1）

车前方		
司机		副驾驶（1）
后排左（3）	后排中（4）	后排右（2）
当主人或领导（如总经理）亲自驾车时		

（2）

图3-44 座次安排

2. 乘坐礼仪

乘坐轿车时，要礼让尊者并严于律己。不要带危险品乘坐轿车，不要抢占座位。不要将自己的物品放在别人的座位上，不要在轿车上脱鞋、更衣、吸烟、吐痰等。

3. 上下轿车的规范动作

（1）上轿车的动作。男士入座的时候要面向前方，保持上身挺直，先将一只脚迈进车内，随后向下侧移身体坐到座位上，等上身坐稳之后，再把另一只脚收进车内。不要低头弯腰撅着臀部往车里钻，这种姿势特别不雅。女士穿裤装时入座方法可与男士相同，而穿裙装优雅的方式是：上车时不要先迈腿，而是先将身体背向车厢入座（见图3-45）。坐定后，双手扶稳，保持双腿双脚并拢状态，双腿移至车内，继而调整体位至标准坐姿之后关上车门。

（2）下轿车的动作。下车时先打开车门，略调整体位，移近车门，保持双膝双脚并拢状态，双脚同时移出车外在地面上踏稳，然后双手助力将整个身体移出，继而调整体位至标准站姿。

图3-45 女士上轿车动作

第十二节　文体活动中的礼仪

汽车销售与服务人员和同事、客户一起参加有益的文体活动，既有利于身心健康，又有利于相互沟通感情，可谓"有礼有利、公私兼顾"。参加文体活动时同样要注重礼仪，否则会显得缺乏修养，使人厌烦。

一、欣赏音乐会的礼仪

（1）按照音乐会类型选择不同的服装。欣赏古典音乐会时，男士应当穿深色西装，女士应当穿长裙（晚礼服）或庄重的套装，以显示对音乐及演出者的尊重。欣赏流行音乐则应穿着比较时尚。

（2）提前到场，避免迟到。音乐会会场对时间要求很严格。一般来说，管弦乐音乐会的节目安排通常如下：上半场安排首序曲当作开场，然后是首协奏曲；下半场则是一首交响曲。只要音乐会开始，即关闭所有进出口的大门，等到演奏完序曲后才会再开。当协奏曲开始时，进出口大门再度关闭，直到中场休息时才会再次开启。尽管你只迟到了一分钟，你也必须在外面等候。

（3）忌讳发出任何噪声干扰别人。不要在演出期间交谈。演出开始之前避免携带那些容易发出声音的物品入场，比如塑料袋、汽水瓶、购物袋，音乐厅入口大厅一般都设有免费寄存处。

（4）不要在音乐正在演奏期间进进出出。如果有急事必须离开，也一定等到中间休息时退场。

（5）尽管关系很好也不要把头靠在一起窃窃私语，这样做会挡住后面人的观看，无论有多冷也不能戴着帽子听音乐会。

（6）欣赏交响乐作品或组曲时，不要在乐章之间鼓掌。对于篇幅较长的作品而言，一个段落的结束，只表明情绪或速度的变换，并不是完全的停止。按照西方礼仪，观众鼓掌时所有演员都要停止演出起立致意，因此如果你在乐章之间鼓掌，无疑是对演出造成了干扰。假如判断不清何时应当鼓掌，建议你不要当第一个鼓掌者，比别人慢半拍鼓掌可以避免出洋相、使人厌烦。鼓掌，这是显示你的欣赏力和热情的时候，演奏者有可能因为热烈的掌声而返场并加演曲目。

（7）除获主办单位预先批准外，不得在场内录音、摄影、拍照，进行电视或电台转播。照相时不能使用闪光灯，以免分散演奏者的注意力，干扰演奏者的情绪。一旦有这种情况出现，演奏者有权利选择退场罢演。

（8）退场时同样要注意礼貌，只要乐队首席（坐在指挥左手第一位置）没有起身退场，观众最好不要匆忙起身退场。退场的时候，千万不要遗忘随身物品以及寄存的物品。

二、观看体育比赛的礼仪

（1）根据比赛项目及场馆情况着装。观看台球、围棋等项目时应该穿比较正式的服装，即使天气很热，也不能穿背心、短裤、超短裙出席。观看一般的比赛项目应当穿运动装或休闲装出席，显然此时西装革履就不合适了。

（2）提前入场。如果迟到，应当等到中场休息时再入场；有急事要提前离开，也应当等中场休息时退场。

（3）不要把饮料、食品等带入场内，尤其不能看到激动之处就往赛场内扔东西。观看台球、围棋、桥牌、网球等比赛时不要吃吃喝喝，此举极为不雅。

（4）观看室内场馆举行的比赛禁止吸烟。

（5）不要随意发出声响。有些项目，比如跳水运动员在做一个难度很高的翻腾动作之前，会在跳台或跳板上先酝酿一番，让精神高度集中起来，此时如果观众突然大声喧哗、鼓掌或者来回走动，就会对运动员造成严重干扰。再比如网球、射击、围棋等项目，在比赛进行到非常紧张激烈的时候，任何一点点儿声响都可能干扰运动员的正常发挥。因此，观众应该在座位上坐好并保持最大限度的安静，等运动员完成所有动作后再给予掌声鼓励。

（6）为运动员加油、助威时要热情而文明，尤其在观看足球比赛、拳击比赛时要文明地释放你的热情，不要忘了你的身旁还有同事、客户。如果你观看时实在无法控制自己的情绪，最好不要安排与别人同看而应当自己单独观看。

三、参加交谊舞会的礼仪

交谊舞会是现代生活中一项广泛开展的文明优雅的社交活动，男士和女士要分别遵守一些约定俗成的礼仪。

1. 男士礼仪

（1）男士参加晚上举行的大型交谊舞会时，最正式的着装为燕尾服，其次为半正式晚礼服。日常普通的交谊舞会上可以穿深色西服套装，配黑色硬底皮鞋、深色袜子，戴领带或黑、白领结。参加小型休闲活动型交谊舞会时，穿着也应当比平时讲究些。同时应注意个人卫生，最好使用一些口腔气味清新剂。

（2）男士应当主动走到女士面前（距女士1米左右之处）邀舞。舞曲结束时应当致谢并将舞伴送回原处。当年长的女士和年轻的女士在一起时，应当先邀请年长的女士。自己的第一支舞和最后一支舞必须和自己带去的舞伴跳，中间可以换舞伴。不要连着几支曲子都邀请同一位舞伴，这一点在与公务有关的活动中要特别注意。如果某位女士是由其男友（或丈夫）带来的，而你又打算邀其共舞，则应当首先询问其男友（或丈夫）："我可以请她跳支舞吗？"取得同意后先向其男友（或丈夫）致谢，然后再邀其共舞。如果你携舞伴参加舞会，除了第一支舞和最后一支舞如果有别人邀请你的舞伴跳舞，你应当高兴地同意。

随便代自己的舞伴拒绝别人是很失礼的行为。如果女士邀请男士共舞，男士一般不得拒绝。

（3）一般情况下，两位女士可以共舞，但两位男士不要共舞。跳舞时显示绅士风度，保持身体自然挺直和稳健，右手轻扶舞伴的后背（略高于腰部，不超过后背中线），左手轻托舞伴的右掌。不要过于摇晃身体或将舞伴搂得过近、过紧。不要在跳舞时打听舞伴的年龄、婚姻状况等个人问题。

2. 女士礼仪

（1）女士参加正式、隆重的舞会时，应穿西式晚礼服或中式礼服式旗袍。在参加比较正式的交谊舞会时，穿便裤参加也是很不礼貌的，最好穿悬垂性好的飘逸裙装，配精致、合脚、婀娜、时尚的高跟鞋或半高跟鞋。化妆可比平时浓艳一些，并可适当佩戴首饰，还可以洒一些高品质的香水。

（2）当有男士邀舞时，女士如果还没有别的舞伴，则应当立即起身表示同意；如果已有舞伴预约这支曲子，则应礼貌地解释致歉，并承诺一起跳下一支曲子。演奏同一支舞曲时，如果拒绝了先来邀舞的男士，那么对后来邀舞的男士也应当拒绝，否则是极为失礼的表现。

（3）舞姿要优美大方，控制身体正直平稳并与舞伴保持恰当的距离。

（4）感觉热时应当到洗手间整理仪表，不要当众宽衣解带，也不要当众解开束着或盘着的头发（这样做与宽衣解带给人的感觉相同，容易被人误认为是轻浮之举）。

无论男士还是女士，也无论参加什么舞会，都要特别注意：舞会前不要吃蒜、韭菜等带刺激气味的食物，也不要喝酒或大量吸烟，最好先漱口或刷牙，或嚼几片口香糖，否则满口异味会使你的舞伴难以忍受。

较正式的舞会，第一支舞曲由主人及其舞伴、主宾及其舞伴共舞，第二支舞曲由主宾和主人交换舞伴后共舞。如果没有特殊邀请，第一支舞曲最好不要马上加入。无论参加何种舞会，都要尽量准时到达。参加私人舞会时最好要等到舞会结束之后再离去，其他的舞会可以在合适的时机离去。男士应同自己带来的舞伴一起离去。

第十三节 求职面试的礼仪

无论新毕业的大学生还是久经沙场的职业人士，求职、跳槽都是其职业生涯当中一定会面临的门槛。在 2005 年大学生就业、职业指导现状调查当中，有一道题是"你毕业多久之后就重新换了一份工作"，被调查者回答在短短半年内换工作的占 23%，在一年内跳槽的占 18.3%，两年内换工作的人占 24%，只有 25%的人从事毕业后第一份工作的时间超过 3 年。

即使永远不需要被别人面试，你也可能在某些时候需要面试那些前来应聘的人，这其中的礼仪不可不知。

一、撰写和发送求职信与个人简历的注意事项

1. 有针对性

撰写求职信之前，一定要仔细研究用人单位的状况与招聘要求，然后再有针对性地撰写求职信和个人简历。

专业的人才网站均提供免费的格式化的简历模板供求职者使用，但很多求职者在应聘不同公司时用的都是同样的简历，没有任何针对性，甚至有些人连要申请的职位都没有明确注明，杂乱无章的简历很难引起招聘主管的兴趣。据调查，很多招聘者最头疼的，就是在浩瀚的简历"汪洋"中，看到没有明确标注申请岗位的简历，"我们没有多余的精力帮助应聘者做出挑选"。

应聘公司所属行业的发展前景、公司的现状和发展前景、用人制度、企业文化、人际关系等都是应聘时需要考虑的因素，尤其是对公司的选才要求和用人标准一定要仔细研究，然后有针对性、有目标地撰写简历和求职信。

2. 简明扼要、重点突出

简历忌"繁"，与公司用人条件吻合的内容要重点强调，与用人标准无关的内容则要轻描淡写甚至忍痛删除。比如，公司要招的是计算机程序员，那么你的"钢琴八级"附在"兴趣爱好"一栏即可，而"××××年获市钢琴大赛第五名"就不必写上了；如果应聘的岗位是设计"无人弹奏的自动钢琴"程序，写上这项内容却是很有必要的了。

发送简历的时候，一定先看清楚用人单位的简历发送要求。如果用人单位拒收附件，那么所有内容都必须写在邮件正文当中。另外要强调的是，在电子邮件的主题栏内一定要明确写出你的姓名和应聘职位，例如："徐克茹应聘计算机程序员"。

3. 认真处理细节

简历和求职信决定了你能否获得第一次面试的机会,因此,要格外重视简历上的细节。除不能出现错别字和病句之外,格式和排版也能够反映你的认真程度以及条理性、艺术性和创造性。

小小的简历照片,是简历的门面,如果随便拍一张照片的话,你可能就会输在第一印象上。简历照片虽小,也一定要认真拍摄,需要注意:

(1)尽量与自己的原貌相符,不要有太大差距。
(2)精神焕发,不要委靡不振。
(3)化妆清淡、发型整洁,避免浓妆艳抹或蓬头垢面。
(4)服装款式尽量与应聘岗位的工作性质相符,看上去比较职业化。
(5)服装平整,不要皱皱巴巴。
(6)一定要用近期照片,不要用 5 年前的照片。
(7)不要对照片做过多艺术化处理(如柔光效果等),这样容易让别人觉得你的简历整个都是过度美化的。

4. 在适当的时间主动询问结果

简历投递一星期或 10 天之后,如果没收到任何回音,你就可以打电话给用人单位,查询对方是否收到了你的求职信,利用这个机会还可以询问结果是否已经出来。如果你正待业在家,则可以同时应聘多家公司,当一个全职应聘者。如果你总是受挫,那么一定不要怨天尤人,而是要总结经验,看看问题是出在职业方向上、知识技能上,还是出在求职技巧上,找出问题所在,努力学习提高,就一定会有收获。

二、应聘者的电话面试礼仪

电话在当今社会已经十分普及,通过电话面试,招聘者可以很容易地淘汰大部分人,选定那些他们认为"更好的人选"进行面谈。对于某些岗位来说,电话面试对是否录用起着决定性的作用。通常,在面谈之前,应聘者都会事先接到一个约定时间及地点的通知,因此会有一些准备的时间。电话面试则不同,你随时都可能接到任何一个公司的面试电话,而且这个电话通常事先并没有人和你预约。

应对电话面试应当注意:

(1)准备一份个人资料,包括简历、工作成绩清单,以及你曾经投递过简历的公司名称、应聘职位等。随身携带一份,在办公室或家里的电话附近放上一份。

(2)在电话面试时,你通常看不到对方(可视电话除外),无法用眼神、表情及其他身体语言和对方交流,因此你的语音、语速、语调就显得格外重要。要注意使用热情、自信的声音,简洁地陈述你的业绩、表达你的观点。可以找朋友进行角色模拟练习,也可以使用录音机把自己说话的声音录下来仔细研究,不断改进。

(3)电话旁边一定要放一些纸或一个笔记本,以及两支笔。另外准备一支性能良好的笔和一本袖珍笔记本,随身携带。如果突然接到电话面试,应该仔细记录那些关键的问题和重要的信息。"好记性不如烂笔头",很多时候对方会让你进一步提供其他材料或约定面谈时间,这些关键的信息一定要在电话中再次确认并记录下来,同时不要忘了记下对方的电话号码。

(4)确保你在简历上所留的电话号码不会出现以下情况:"对不起,您拨打的手机已关机。"

"对不起,您拨打的手机不在服务区。"

"对不起,您拨打的手机号码已过期。"

"这不是×××的手机,你打错了!"

"我们这里没有这个人!"

所有这些,都可能会让一份好工作与你擦肩而过。

保持电话畅通无阻是保证求职成功的重要条件之一。建议大家:定期检查你的手机和固定电话是否工作正常;如果留的是固定电话,一定要注明方便接电话的时段;如果你不方便接听电话,最好转到"秘书台"或者请别人代为接听并转告给你,不要让周围人的一句"他不在,什么时候……知道!"就把你的大好前途给断送了。

三、应聘者的面试礼仪

(1)应当提前5~10分钟到达面试地点。如果路途比较远,应当预留出发生突发情况(比如堵车、打不到出租车等)可能耽误的时间。到达之后,如果有可能,先去卫生间整理仪容、仪表,同时调整心态和表情,尽量不要仓促上阵。面试的时间、地点、联系人电话应当牢记,并写在纸上随身携带。有条件的应聘者最好能提前去一趟,熟悉一下路线,并观察一下该公司员工的着装风格。如果预计迟到,应当提前15分钟打电话通知联系人并致歉。

(2)按照该公司目标岗位的标准着装,保持完美的职业化仪容、仪表。

(3)进入面试考场之前别忘了关闭手机。

(4)进入面试考场时要自信、从容、稳重。良好的仪容、仪表和仪态决定了考官对你的第一印象。绝对不可以嚼着口香糖进入考场(但进入面试单位前可以嚼口香糖放松情绪)。如果考场的门关着,应当先敲门,得到允许后再进去。开关门动作要轻、要稳。见面时要向考官微笑致意并问好。如果考官没有请你坐下,不要慌慌张张急于落座。如果进门后你搬动过椅子,那么面谈结束时你应当将椅子放回原处。自己用过的一次性水杯也请随手扔进垃圾桶(如果你不收拾,那么一定是考官替你收拾。请为别人着想,自己的事自己做。)。如果对方请你坐下,那么你应当说"谢谢"。坐下后保持良好的坐姿。不可以采用比考官更随便的坐姿。回答问题时要有目光交流。考官示意面谈结束时,应微笑起立,道谢并说"再见"。(这些都是最基本的礼貌,但在真正的面试过程中,很多应聘者会紧张得全都忘掉了!因此事前的练习非常重要!)

(5)要诚实,不要说谎。没有获得的证书、没有做过的项目,绝对不要谎称有、做过。谎言一旦被揭穿,你会失去所有人对你的信任。不要伪装自己的能力、素质、个性、价值观、好恶。例如一个内向的、不喜欢和别人打交道的人伪装自己的性格而得到了一个客户服务的工作，那么结果很可能是客户对他不满意，他自己也很痛苦，最后还是会辞去工作，白白浪费了很多时间和精力。

（6）如果遇到餐叙型面试（一边用餐一边面谈），请务必遵守餐饮礼仪。

四、招聘者的面试礼仪

不论应聘者是否被录用，他们都会把招聘者的形象看成是企业的形象。对于那些高级人才来说，面试的过程也是他们考察企业的过程。因此，在面试过程中，招聘者同样也要遵守招聘礼仪。

（1）穿符合你身份的职业装——你的形象就是公司的形象！

（2）如果不是故意要考验应聘者的耐心，那么一定要准时开始面试。无故拖延是不尊重时间、不尊重他人的体现，是失礼的行为。

（3）事先仔细阅读应聘者的名单，如果有冷僻字，应当认真查字典，并把拼音标注在姓名旁边。如果念错应聘者的名字而被对方纠正，一定要说"对不起"。

（4）不可因为接听电话或有人找你而随意中断面试过程，这样做会给应聘者留下"管理随意，自由散漫"的印象。

（5）面试结束时，礼貌地站起来与应聘者握手告别。这些人，有些会成为你未来的同事，有些可能会成为你的客户，或许有一天你和某个人还会因为某个原因聚在一起。如果你自始至终都善待对方，那么你和你的公司都会在他们心里留下良好的印象。

项目四

汽车销售礼仪

汽车销售环节在汽车服务行业中十分重要,不同品牌的企业的销售流程不完全相同,但对礼仪的要求大致相同,主要包括展厅接待的礼仪,需求分析的礼仪,产品展示的礼仪,试乘试驾的礼仪,商务谈判的礼仪,新车交付的礼仪,售后跟踪的礼仪。

第一节 展厅接待的礼仪

展厅接待是销售人员与客户建立"顾问"关系的主要环节,成功的接待可以快速拉近销售人员与客户的关系,给客户留下良好的第一印象,使客户初步建立对销售人员及卖场的信任,为下面的需求分析和产品介绍等环节打下较好的基础。

一、展厅接待的目的

一般情况下,客户大多数有购车意愿时,都会选择到4S店来咨询。如何让客户体验到"客户至上"的服务理念和品牌形象,是4S店和汽车销售人员所要面对的挑战。各个汽车品牌4S店都在展厅的设计上下了很大的功夫。走进宽敞明亮的展厅,置身在高雅愉悦的背景音乐所营造的洁净环境中,轻松、舒适会消除客户的疑虑和戒备。再加上汽车销售人员热情周到的接待,使客户有在展厅逗留更长时间的愿望,并且想与销售人员建立联系,这有助于增强客户对品牌、公司和个人的信任,为达成交易做好铺垫。

二、展厅接待礼仪

(一)展厅接待前的准备

1. 仪容仪表准备(见图4-1)

(1)面部:

男士:面容整洁、耳毛鼻毛不外露、不留胡须、牙齿清洁、口腔无异味。

女士:面容整洁、淡妆上岗、牙齿清洁、口腔无异味、香水清新淡雅。

(2)头发:

男士:不彩染、不怪异、无头屑、无气味,前不覆额、侧不遮耳、后不触领。

女士:不彩染、不怪异、无头屑、无气味,不过于个性化、不遮盖面部,刘海切忌遮挡眉眼,以干练利落为佳。

(3)手部:手部清洁、不留长指甲、不染鲜艳指甲油。

(4)着装:

男士:按岗位规定着装,西装上衣与长裤配套,保持衬衣领口、袖口干净,衬衣熨烫平整,衣袋平整不放杂物,长裤熨出裤线、领口、袖口纽扣全扣好,西装纽扣最下面一粒纽扣不扣。

女士:按岗位规定着装,女士丝巾按规定系好,裙装、西装熨烫平整,长裤熨出裤线,女士西装系好纽扣，身上不挂多余饰物。

（5）工牌：

男士：工牌别在西装上衣口袋上缘正中处，工牌下缘与地面平行。

女士：工牌佩戴在左胸齐衬衣领口第一粒纽扣处，工牌下缘与地面平行。

（6）鞋袜：

男士：穿系带黑色商务皮鞋，黑色棉袜。

女士：穿肤色长筒或连裤丝袜，不脏、不破、无污渍，标准商务皮鞋。

图4-1　仪容仪表准备

2. 相关资料准备

准备好自己的三件宝——笔、记录本、名片，并将自己的资料夹中各资料准备齐全——各银行分期贷款明细表、保费计算清单、配件报价单、上牌服务资料及流程等。

（二）展厅接待流程及礼仪

开车来店的客户，先由保安引导停放车辆，并为客户开车门，销售人员迎出门，引导客户进展厅。徒步来店的客户，销售人员直接迎出门，引导客户进展厅。

1. 客户进门，上前迎接（见图4-2）

目光柔和，注视对方的面部三角区，仪态大方，鞠躬前倾，微笑点头，热情友好，咬字清晰，"您好，欢迎光临！"。若是两人以上同行则不可忽视对其他人的招呼应对。客户经过任何工作人员身旁时，即使忙于其他工作也应面带微笑点头问好。若有儿童同行，由前台接待人员带至儿童休息区并告知客户会代为照看。

2. 引领客户（见图4-3）

汽车销售人员站在客户左侧，领先客户半步，引领示意时五指并拢，手臂成弧形，呈标准站姿，关注客户，提醒客户留意脚下。

在引领过程中，汽车销售人员的走姿要稳健，以右为尊，距离客户一臂的距离，目光平视，抬头挺胸。

图 4-2 客户进门，上前迎接

图 4-3 引领客户

3. 递交名片（见图 4-4）

汽车销售人员要适时地递上名片，名片正面朝向客户，双手递交，并做自我介绍："我是销售顾问……"并请教客户的姓名和称呼。

图 4-4 递交名片

4. 茶水服务（见图 4-5）

当销售人员引领客户坐下之后，需要给客户上茶水，首先询问客户的需求，按照客户的需求上茶水。动作要领如下。

（1）左手托茶盘，小臂与大臂成 90 度，在腰际旁，站立、挺胸、收腹、微笑。

（2）站在客户右后侧，上身略微前倾，面带微笑，话术清晰。右手递茶，左手后撤茶盘，动作协调。

（3）右手五指并拢，指向茶杯，目光向着客户说："请用茶！""打扰了，您的咖啡，请慢用！"并提醒客户茶水烫否。

（4）保持托盘姿态，收手立正姿态，左脚后退半步，然后离开。

图 4-5 茶水服务

5. 资料介绍（见图4-6）

汽车销售人员在介绍资料时，资料正面朝向客户，放在桌上，平推过去，手势明确。在介绍资料的过程中要耐心聆听客户的话语和问题，目光时刻关注客户的动向。

图4-6 资料介绍

6. 送别客户（见图4-7）

当客户要离开时，汽车销售人员应提醒客户检查是否遗漏随身携带的物品。当客户确认无遗漏物品时，汽车销售人员应送客户到展厅门外，对客户的惠顾表示感谢，并欢迎客户再次光临公司。除此之外，汽车销售人员还应微笑着目送客户离去。值班保安也应向客户敬礼致意道别。如果客户是开车前来的，汽车销售人员应陪同客户至车辆旁边，值班保安也应提醒客户道路状况，并为客户指引方向。

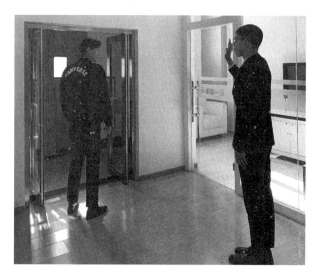

图4-7 送别客户

4S 店展厅接待流程是一连串的，每一个环节及细节都是不能忽略的。

（三）展厅接电话的礼仪（见图 4-8）

图 4-8　接电话的礼仪

（1）在电话铃响 3 声内接听电话且热忱地说："您好，这里是××4S 店，我是××，有什么可以帮您？"

（2）边听边记下谈话内容（尤其是数字），并登记《来店（电）客户登记表》。

（3）在说再见之前询问客户还有什么其他要求。

（4）等对方挂断电话后再挂电话。

（5）电话如果找人（经过滤将电话）告知客户马上转接："请稍等。"如果电话忙或者人不在就询问客户怎么给他回电话。

（6）销售人员接到来访电话应非常流利、专业地回答。切忌在电话当中跟客户讨价还价，应力邀客户到店商谈。

（7）挂电话之前，要再次感谢客户来电并说："期待您的来店。"

第二节 需求分析的礼仪

了解客户的需求是一种崭新的观念，是以客户为中心的基础，以这种观点和理念进行销售，会取得更长远的、更美好的效果。

一、需求分析的目的

客户需求可能会是多方面的，交通工具的背后许多实际的需求都制约着客户购买的心理。比如可能是身份的需要，可能是运输的需要，也可能就是以车代步，更可能就是圆梦。汽车销售人员要根据需求分析切实了解客户购买汽车的需求特点，为推荐、展示产品和最终的价格判断提供必要的信息支持。

二、需求分析的方法及礼仪

（一）仔细的观察

首先，汽车销售人员在客户马上要进入展厅的时候，就要仔细地观察对方，而在观察的时候分为进店前的观察和接触后的观察，每一次在观察客户的时候，都要从中进行分析，客户来店的目的是什么？是否是顺便路过的？他是什么样类型的客户呢？等等。

汽车销售人员对客户观察的重点包括：

（1）衣着：一定程度上反映经济能力、选购品位、职业、喜好等。

（2）姿态：一定程度上反映职务、职业、个性等。

（3）眼神：可以传达购车的意向、感兴趣的点等。

（4）表情：可反应情绪、选购迫切程度等。

（5）行为：可传达购车意向、感兴趣的点、喜好等。

（6）随行人员：其关系决定对购买需求的影响力。

（7）车：可以传达购买的是首部车、什么品牌、置换、预购车型等信息。

（8）型：他们需要购买哪种款式？哪种颜色？哪种车型？等等。

汽车销售人员对客户的观察不能准确地反映客户的真实需求，接下来汽车销售人员需要对客户进行进一步的提问，获得更多的相关信息。

（二）正确的提问

1. 提问的目的

（1）了解信息。通过与客户的一问一答，来了解客户的真实想法和需求，从言语中分析客户真实的购买欲望。但是在提问时，一定要注意提问的方式和技巧，如果运用不当，可能会导致客户的不满、不信任，甚至是离开。

（2）引导谈话。当汽车销售人员与客户第一次见面时，是在完全陌生的前提下，想要与客户顺利地进行交谈，就要有话题进行引导。询问客户进店的原因，其实就是一个非常好的契机，既可以了解客户来店的目的，又不会让客户感觉到突兀和尴尬，同时又给汽车销售人员很好的交谈机会。

（3）让客户感觉被重视。当客户从进店开始到看车，如果没有汽车销售人员接待的话，客户可能会感觉非常不满意。所以作为汽车销售人员来说，从看见客户开始，就要热情地上前迎接，并加上合适的提问，让客户感觉被重视。接受到品质较高的服务，不仅可以让客户对销售人员满意，更是能够提高客户对企业的好感度。

（4）为产品的介绍做充分的准备。汽车销售人员对客户进行提问的主要目的是充分了解客户的需求，只有了解了客户真正的需求，才能够更加准确地找到客户真正想买且需要的车辆。如果汽车销售人员没有做到这一点，那么就有可能起到相反的效果，最终导致客户离开。

2. 提问的方法

（1）开放式提问。开放式提问是提出一些范围较大的问题，对回答的内容限制不严格，对方有充分自由发挥的余地。例："您打算什么时候用车？""这款车您感觉怎么样？"

开放式提问的方法：5W1H。

① What：来店的目的？看什么车型？竞争车型？以前用什么品牌的车？
② Why：购买车辆的原因？购买车辆的动机？
③ Who：购买汽车的决策者是谁？参与者？司机？影响者？等等。
④ When：什么时候购买汽车？
⑤ Where：购买的汽车将在哪里使用？路况怎么样？
⑥ How/How much：如何购买？购买车辆的预算是多少？

（2）封闭式提问。封闭式提问是指提出的答案有唯一性，范围较小且有限制的问题，主要用"是"或"不是""要"或"不要"等简单词语回答，例："先生你是选择高配还是低配？""您选择手动挡还是自动挡？"

（3）选择性提问。例如："先生您是选择黑色还是白色的呢？"

（4）探询式提问。例如："您今天要不要把车定下来呢？"

（5）启发式提问。例如："您是不是觉得红色更好看一些呢？"

（6）假设式提问。例如："如果您今天付定金的话，您是刷卡还是现金呢？"

3. 积极的倾听

汽车销售人员要学会倾听，真正成功的销售人员都是一个好的听众，只有认真倾听才能获得有价值的信息，才能够推进销售。如果客户在讲话的时候，你却三心二意，客户会认为你不尊重他。销售的目的是让客户尽快购买，所以每一个环节都要处理好。倾听时，一定要全神贯注，及时给予反馈信息，让客户知道你在聆听，对重要信息应加以强调，及时检查你对主要问题理解的准确性，重复你不理解的问题。

倾听的重要技巧如下：

（1）创造良好的倾听环境，没有干扰，空气清新，光线充足；

（2）眼睛接触，精力集中，表情专注，身体略微前倾，认真记录；

（3）用肢体语言积极回应，如点头、眼神交流和感叹词；

（4）忘掉自己的立场和见解，站在对方的角度去理解对方、了解对方；

（5）适度的提问，明确含糊之处；

（6）让客户把话说完，不要急于下结论或打断他；

（7）将客户的见解进行复述或总结，确认理解正确与否。

4．耐心的交流

在咨询服务的过程中，应该打消客户的各种担忧，所以要与客户进行耐心的交流，充分满足他们的需求。

（1）注意与客户的距离。有的客户很敏感，人与人之间的距离也是很微妙的，那么什么距离客户才会有安全感呢？当一个人的视线能够看到一个完整的人的时候，这个人感觉到是安全的。心理学里讲的安全感就是出自这个角度。如果你与客户在还未取得信任时，就与客户离得很近，这时客户可能会产生一种自然的抗拒、抵触的心理。所以我们要时刻注意与客户之间的距离，既能够让客户感觉不到不舒服，同时还能够正常地与客户进行交谈。当客户觉得不讨厌你的时候，他会很乐意与你进行沟通。

（2）认同对方的观点。汽车销售人员要认同客户的观点，不管客户是否正确，只要与买车没有什么原则上的冲突，你就没有必要去否定客户。你可以说："对，您说的有道理。"同时还要点头、微笑。这样，客户才会觉得你和蔼可亲，特别是有三个字要经常挂在嘴边，"那是啊。"这几个字说出来，能让客户在心理上感觉非常轻松，感觉到你是很认同他的。

（3）善意应用心理学。作为汽车营销人员，掌握心理学是非常重要的。从心理学的角度来讲，两个人要想成为朋友，一个人会把自己心里的秘密告诉另一个人，达到这种熟悉的程度需要多少时间呢？权威机构在世界范围内的调查结果是：至少需要一个月的时间。汽车销售人员与客户之间的关系要想在客户到店里来的短时间内确立、巩固，显然是很不容易的。在这种情况下，汽车销售人员要想赢得客户，不仅需要各种技巧，其实还要适当地掌握心理学的知识。运用心理学进行销售的时候，要本着以客户为中心的顾问式销售的原则，本着对客户的需求进行分析，本着对客户的购买负责任的态度，本着给客户提供一款适合客户需求的汽车的目的，绝不能运用心理学欺骗客户。

第三节　产品展示的礼仪

一、产品展示的目的

产品展示的目的是通过全方位展示车辆来凸显每一款车的品牌、特点，使客户近距离感受车辆带来的视觉冲击，确信产品物有所值，为促成交易奠定基础。同时，通过汽车销售人员细致有效的产品介绍和异议处理来解决客户对产品及服务的问题和困惑，达到进一步满足客户的购买需求，实现最终销售的目的。

二、产品展示的流程及方法

产品展示总是"真实的时刻"，在短短的几分钟内销售人员要抓住机会，唤起客户对本品牌的热诚，对产品质量的信任，对颇具竞争力的特征和一流的装备的兴趣，对车辆的期待和对销售人员及专卖店的好感。因此在这个过程中，最重要的是严格按照销售流程标准去做。

1. 产品展示前的准备工作

（1）按照规定摆放车辆的资料展示架。在实际生活中，我们发现许多汽车销售公司和4S店在这方面做得不是很规范，资料展示架在整个展厅里没有协调性、一致性，很随意，摆放的位置也不规范，有的在前面，有的在后面，还有的在侧面。当客户进店之后对企业的第一印象，就是展厅的环境和卫生，而车辆和资料架摆放随意，会造成客户对企业的第一印象不好，从而为之后的销售不成功埋下伏笔。所以，展厅里车辆的资料架在摆放的时候，一定要有统一的位置和标准。

（2）展车要清洁卫生，无手印、无水痕。大家都知道，车辆油漆的光洁度非常高，车门把手等位置手一触摸便会留下痕迹。因此，销售人员在展厅里面要随时随地地按规范保持车辆的清洁度。水痕也是不允许的，特别是车辆夹缝里的水迹，尤其要注意擦干净，不能留死角。车辆要保持一尘不染，发动机盖打开以后，凡是视线可及的范围内都不允许有灰尘。

（3）轮毂中间的Logo应与地面成平行状态。

（4）轮胎导水槽内要保持清洁、无异物。因为车是从外面开进展厅里的，难免轮胎的导水槽里面会卡住一些石子等东西，这些东西都要去掉，还要清洗干净。

（5）前排座椅调整到适当的距离。在调整前排座椅时，要记住前排两个座椅从侧面来看必须是一致的，不能够一个前一个后。座位与方向盘也要调整一个适当的距离，以方便客户的进出。两者距离太近,客户坐进去不太方便,这样会使客户有空间的局促感,会以为是驾驶室空间小,其实是那个座位太靠前的缘故。

(6) 拿掉展车上的塑料套。新车在出厂的时候,方向盘上都会有一个塑料套,还有倒车镜、遮阳板、座椅等也是用塑料套给套起来的,这些都必须拿掉。

(7) 调整好倒车镜、后视镜,使其处于一个合适的位置。

(8) 方向盘摆正并调到最高位置。

(9) 将仪表盘上的时钟调校出标准的北京时间。

(10) 确认各功能范围内的频道。比如广播、声道、音量等,可以根据客户不同的年龄、性别、爱好,为客户提供不同的视听盛宴。

(11) 在展车内放好脚垫。脚垫上一般都会有汽车品牌的 Logo,要求标志正面朝向客户,注意脚垫要方正,并且脏了要及时更换。

(12) 后备箱整洁、有序、无杂物。

(13) 展车放置时间长了,可能电瓶会亏电,所以要保证电瓶充足有电。

(14) 轮胎不仅要干净,还要美容一下,让其变得更加亮丽美观,最好在轮胎下面用有公司标志的垫板,给客户一个良好的整体感觉。

2. 展品展示

在新车展示介绍这一环节,汽车销售人员多采用六方位绕车法向客户全方位介绍车辆,这有助于汽车销售人员有条理地记住介绍的具体内容,并且更容易向潜在客户介绍最主要的汽车特征和好处。在进行环车介绍时,汽车销售人员应确定客户的主要需求,并针对这些需求来做讲解,进行车辆展示,以建立客户的信任感。

(1) 车辆正前方(见图 4-9)。汽车销售人员面带微笑,得体地运用手势,向客户介绍车辆的前部造型特点。吐字清晰,引领客户到车正前方处。标准站姿,五指并拢指向车身。动作舒展、大方,手势高度不能过肩,下方不能低于胯部。

图 4-9 车辆正前方

主要介绍的内容：品牌设计理念、前大灯、前脸的设计、保险杠、风挡玻璃、雨刷器、空气动力学等。

（2）车辆发动机室（见图4-10）。汽车销售人员面带微笑，得体地运用手势，向客户介绍车辆发动机室的构成。要求目光专注，语言专业，做动作时五指并拢。开、关发动机盖时，靠近客户的手做保护示意动作。

主要介绍的内容：发动机布局设计、发动机的缸数、气缸的排列形式、排量、最大功率、最大扭矩、保修及保养条款、变速箱等。

图4-10　发动机室

（3）车辆的侧方（见图4-11）。汽车销售人员面带微笑，得体地运用手势，向客户介绍车辆的车身总体造型等。要求动作舒展、流畅，指向车身线条时，目光跟随手势，与线条一致，五指并拢。女士采用蹲姿介绍车辆时，靠近客户一侧为高腿位，上身挺拔。

主要介绍的内容：车身的设计、钢板强度、刹车系统、悬架设计、长宽高、轴距、轮胎尺寸规格等。

图4-11　车辆侧方

（4）车辆的后方（见图4-12）。汽车销售人员面带微笑，得体地运用手势，向客户介绍车辆尾部造型特点。要求在交流时，目光注视客户两眼与鼻尖组成的三角区域内，观察客户兴趣点。靠近客户的手臂，做保护示意动作。

介绍的主要内容：尾部设计、后备箱空间、内部设计的便利性、备胎、工具、排气管的设计等。

图4-12 车辆后方

（5）车辆的后座（见图4-13）。汽车销售人员面带微笑，得体地运用手势，向客户介绍后排座椅的相关内容。要求开车门时，右手拉门把手，左手扶车门框尖角处。五指并拢，指向车顶，做提示动作。立正站姿，面向客户。

主要介绍的内容：后排座椅的空间、舒适性、便利性、后排的相关设备等。

图4-13 车辆后座

（6）车辆的驾驶室（见图 4-14）。汽车销售人员面带微笑，得体地运用手势，向客户介绍驾驶室里的相关内容。要求开车门时，右手拉门把手，左手扶车门框尖角处。女士蹲姿时，靠近客户的腿为高位。蹲姿时面对客户，右手调节座椅。左手指向方向盘处，五指并拢。

主要介绍的内容：仪表盘的设计、中控台、方向盘、空调、音响、视野等。

图 4-14 车辆驾驶室

3. 产品体验

产品体验是在产品介绍过程中，要求汽车销售人员面带微笑一边介绍一边让客户通过看、听、触摸等感官感受，进一步了解车辆的有关情况。

（1）触摸（座椅、门把手等）。
（2）感受（车漆面、引擎盖等）。
（3）声音（关车门、发动机、室内的噪声等）。
（4）看（车辆的造型、腰线、缝隙、做工等）。

三、产品展示的礼仪

展厅销售人员引导客户到展车旁边，向客户介绍产品时要采用标准站姿，运用得体的手势指引，再加上标准的话术，这是一名合格的汽车销售人员应该掌握的。

1. 站姿

站立时，抬头、目视前方，挺胸直腰，肩平，双臂自然下垂，收腹，双腿并拢直立，脚尖分开呈"V"字形，身体重心放在两脚中间。男士也可两脚分开比肩略窄，双手合起，放在腹前或背后。

2. 行姿

行走时，方向明确，身体协调，姿势稳健，步伐从容，步态平衡，步幅适中，步速均匀，走成直线，双臂自然摆动，挺胸抬头，目视前方。

3. 蹲姿

蹲姿适合客户在驾驶位置上或汽车销售人员在介绍车外介绍时使用。要领：一脚在前，一脚在后，两腿向下蹲，前脚全着地，小腿基本垂直于地面，后脚跟提起，脚掌着地，臀部向下。

4. 坐姿

汽车销售人员在介绍车辆驾驶室或在洽谈区与客户进行谈话时，会使用坐姿，要求上身挺直，男士双腿自然分开小于肩宽，女士双腿并拢。入座时坐满椅子的 2/3 即可。

5. 引导手势

汽车销售人员在环车介绍或引导客户到洽谈区时使用引导手势，要求多采用引导手势中的横摆式、曲臂式、斜臂式、直臂式。在不同的时期运用不同的手势，手势的运用一定要得当，给予客户正确的指引。

6. 语气

展示时，尽量从客户的角度出发来进行陈述，话题不要转移太快，尽量集中在客户所关心的问题上，语速适中，音量视实际环境而调节，语气平和，设法让客户参与进来，并鼓励客户动手做一些事情。

7. 竞品分析

在向客户分析竞品的过程中，首先要做到不用失礼的语言去诋毁竞品，应从客观、实事求是的角度去介绍竞品，以免造成客户的误会和反感，不利于销售活动的进行；其次，销售人员要结合反问技术，了解客户为什么喜欢竞品车型，然后有的放矢的运用销售技巧，加深客户对自己产品的了解和认识；最后，销售人员要善于利用先肯定对方，然后通过重点强调、突出自己产品优势的方法，让客户接受、喜欢自己的产品，最终达到战胜同类竞品的目的。

第四节 试乘试驾的礼仪

一、试乘试驾的目的

试乘试驾是产品展示的延伸,是一种动态的车辆介绍,也是客户亲身体验车辆性能的最好时机。客户通过切实的驾乘感受和销售人员适当、突出重点的动态介绍,加深对车型的印象及认同,从而激发购买欲望,增强购买信心。

二、试乘试驾的标准流程

(1)完善试乘试驾的流程和车辆等准备工作。
(2)销售人员在客户试乘时充分展示车辆特性,并做说明。
(3)让客户有时间自己体验车辆的动态特征。
(4)适时询问客户的订约意向,收集客户信息。

三、试乘试驾的礼仪规范

1. 试乘试驾前的准备

(1)车辆准备:

① 车辆的检查。各部件常规检查,确保车况良好。特别是行车信息的删除,避免引起客户的疑问。

② 车辆的调整。比如座椅、头枕、方向盘、安全带的位置,收音机的选台等。夏天和冬天要提前开启空调。

③ 车辆的清洁。试乘试驾的车辆必须彻底清洁并上光打蜡,随时用皮革清洁剂清洁真皮座椅,但不能放在车内,以防高温爆炸。

④ 车内必备的物品。比如香水、不同风格的 CD、MP3 等。

(2)路线准备:

① 根据各 4S 店实际路况、车型的需求选择路段。在路线选择时如有可能要考虑安排大直路、上下坡、高低速弯道、颠簸路段、安静路面段及适合紧急刹车的路段。

② 尽量避免安排太多的恶劣路况路段——客户的舒适感会降低。

③ 恶劣天气尽量不进行试乘试驾。如果试乘试驾要选择适合恶劣天气试乘试驾的路段,避免因视线不清、路面湿滑而产生事故。

④ 选择人流量较少的路段,避免在试乘试驾中发生车辆及人身伤害。

⑤ 试乘试驾的路线越接近客户平时驾驶的路线，越能够使客户感受到车辆的性能。

（3）销售人员的准备。邀请客户试乘试驾前，汽车销售人员提前准备必要的资料，包括车辆行驶证、保险单、试驾预约记录单、试驾协议书、试乘试驾协议。善用试乘试驾预约登记表，它还有留取客户资料的功能，邀请客户带全家人一同参与试乘试驾，让客户感受实际拥有这部车的快乐情境。

主动提供试车，首先检查汽车与样车内、外观，内容包括观察选定的汽车与样车是否一致，车门开启是否灵活，车窗升降是否平顺，角落边缘有无锈迹，座位有无污垢，轮胎面是否干净等。不要认为客户都曾开过车，试乘试驾路段的确认、轮换驾乘、关闭音响、试车，最好由有开车经验的人陪同。

2. 试乘试驾

（1）客户试乘试驾前：

① 请客户出示驾驶证，检查驾驶证年限。

② 在表格上填写驾驶证信息，填写完后还给客户。在接和还客户的驾驶证时，必须是双手来操作。

③ 请客户确认填写的信息，确认无误后签字。在让客户确认时，五指并拢指向客户需要确认的位置。双手递上客户需要的签字笔，笔尖朝向自己的右侧。

④ 请客户收好自己的重要证件。

（2）客户试乘。在试乘试驾中安全问题是最重要的。首先，销售人员要适当地保持安静，避免多说话，应针对客户的需求及购买动机来进行说明，使客户享受驾驶的乐趣；其次给客户引导，操作车辆的各种设施；最后不忘将客户带回展厅，填写试乘试驾满意度调查表。

（3）客户试乘试驾后：

① 试驾结束，将车开回 4S 店，销售人员下车，从车前方走到驾驶室位置，为客户开门。注意开关车门的礼仪。

② 客户下车时，提醒客户带好随身的物品，销售人员也要替客户检查一遍。

③ 邀请客户到休息区休息，并完成试乘试驾协议书的填写。在指引客户到客户休息区休息时，要注意手势的应用。指导客户填写试乘试驾协议书时，五指并拢，指向需要填写的部位。

标准话术：例如"李先生，试乘试驾结束了，您一定累了，到我们的客户休息区休息一会儿吧！""这是试乘试驾的反馈表，请您填写。"

3. 试乘试驾结束后

（1）向客户赠送试乘试驾小礼品，态度亲和，微笑示人。

（2）感谢客户试乘试驾，并送客户离去，注意送别客户的礼仪规范。

（3）完成各项文件记录并对客户进行定期跟踪。在跟踪回访过程中主要是通过打电话的方式进行进一步跟踪，注意打电话的礼仪规范。

第五节　商务谈判的礼仪

一、处理客户异议的原则

1. 客户异议概述

客户异议是成交的障碍，因为无论何时出现，它都是客户拒绝的理由。然而客户的异议并不都是消极的，有时它不但不会妨碍销售，反而可以使销售人员找到成交的途径。任何一个销售人员都必须做好心理准备，正确对待客户的异议，善于分析和处理各种客户异议，努力促使客户产生购买行为。

（1）客户异议的分类：

① 真实的异议。真实的异议是指客户所提出的异议是他内心真实地对你的产品或服务的不满。这些异议可能是事实也可能是错误的。比如"我同事开的就是你们的车，它的毛病很多""这辆车的价格还是有点贵，已经超出我的预算了"。

② 虚假的异议。虚假的异议是指客户所提出的异议并不是他内心真实的想法，只是他在购买洽谈中为了压低价格等应用的一个策略。比如：客户想要你降低价格时，他通常会挑出某些毛病来，如"这个车辆的外形其实我还没有那么喜欢""这款车的内饰还是有些保守，有些局限性"等的异议，其实，这不是客户真实的异议，而是客户为了增加自己手中的谈判砝码，寻找不存在的缺陷或扩大产品中微小的不足之处来进行策略性的试探，以寻求价格上的减让或者在谈判中提高自己的气势。

（2）辨别真假异议。当你为客户提出异议提供肯定确凿的答案时，注意留心观察客户的反应，一般来说，他们无动于衷的话，就表明他们没有告诉你真正的异议。

有些时候，你判断出客户所提出的异议是假异议，但又无法知道他内心的真实想法，这时你可以大胆地直接发问。比如："王先生，我觉得您好像有什么顾虑又不肯说出口，您能告诉我真正的原因吗？"提问是了解真相的一个好办法。

2. 处理客户异议的原则

（1）事前做好准备的原则。销售人员在与客户接触之前要预计客户可能出现的各种反对意见，并做好充分准备，当客户提出时就能从容应对。

① 将大家每天遇到的客户异议写下来。

② 进行分类统计，依照每一异议出现次数的多少排列出顺序，出现频率最高的异议排在最前面。

③ 以集体讨论的方式编制适当的应答语，并编写整理。

④ 由销售经验丰富的销售人员扮演客户，大家轮流练习标准应答语。

⑤ 对练习过程中发现的不足，通过讨论进行修改完善。

⑥ 使用修改过的应答语进行再次练习，并最后定稿备用，最好是印成小册子发给大家，以供随时翻阅，做到运用自如，脱口而出的程度。

（2）保持冷静、避免争论的原则。争辩不是解决问题的最好方法，尤其是在销售过程中，往往会导致交易的提前终结。

（3）留有余地的原则。无论客户的对错，销售人员都要注意为客户留有余地，维护客户的自尊心。

（4）以诚相待的原则。汽车销售的目的在于与客户建立长期的关系，因此，销售人员要以诚相待，才能获得客户的持久信任。

（5）及时处理的原则。对出现的异议要及时进行处理，从而防止矛盾积累和升级。

二、处理客户异议的步骤

1. 认真倾听客户的异议

在实际推销活动中，个别销售人员，尤其是没有经验的新销售人员，一旦遇到客户的异议，就心情特别紧张，根本无法认真倾听客户讲话，而是急于辩解，希望在气势上压倒客户。这是大错特错的，这样最终只能引起客户的不满，使客户拂袖而去。

所以，销售人员在处理客户异议时，应全神贯注，认真倾听，并适时做些引导，要在客户全部讲完后，再诚恳地解答客户异议。另外，销售人员还应带着浓厚的兴趣认真倾听客户的异议，使客户感受到自己受到了重视，同时要在语言和行为表情上给予适时的反应，鼓励客户把心中的异议讲出来。

通过认真倾听客户异议，销售人员可以弄清楚客户的异议到底是真正的问题还是想象中的问题。如果是真正的问题，就应该马上着手处理；若只是一个想象中的问题，也要处理，只不过可以把它推迟一下，在进行产品介绍时找一个合适的时机予以处理。

2. 对客户的异议表示理解

对客户的异议表示理解，是指对客户的反对意见表示理解，而不是同意或同情。在遇到客户异议的时候，销售人员可以用以下的话语来回应客户："我明白您为什么有这样的感受，其实很多客户开始也有和您一样的感受，但是一旦使用了这种产品，他们就发觉自己喜欢上这个产品了。"这种表示理解客户异议的说法目的在于承认客户对异议的忧虑，却没有表示赞同或表现出防卫意识。在回答客户的异议时，永远不要使用"但是"或者"然而"这样的转折词，因为使用这两个词就意味着要否定掉它们前面的那句话，因而也就在销售人员和客户之间竖起了一道障碍，如果一定用连词的话，请用"那么"。

从客户的角度来说，客户提出异议是合情合理的，但销售人员向客户表达自己理解他们考虑问题的方法和立场，并不表示销售人员完全赞同客户的观点。在解决异议阶段，销售人员与客户之间肯定有矛盾和分歧，为了减少对立，销售人员需要赢得客户情感上的认同。

3. 重复并澄清客户提出的异议

重复客户提出的异议时可以这样回答："您的意思是说这个产品的价格有点贵，这就是您不愿意购买的原因吗？"如果客户的回答是肯定的，销售人员则应提出与之相应的购买利益；如果感觉到客户还有其他疑虑，销售人员则应继续通过发问来了解，并逐个予以解答。

重复并澄清客户提出的异议能表明销售人员在认真听取客户的异议，并能澄清自己是否明白客户想要表达的意思，可以使客户在销售人员重复提问时对自己的观点进行思考，能鼓励客户以合乎逻辑的方式继续表明观点。同时，又避免了对异议马上表示肯定或否定。

4. 回应客户的问题

回应客户的问题时，销售人员可以用"谁""什么""为什么""何时""何地""何种方式"等开放式的问句发问，找出异议的原因。在回答或发问前，销售人员应该有一个短暂的停顿，短暂的停顿会令客户觉得你的回答及发问是经过思考的，是负责的，而不是随意说出来敷衍客户的。这个停顿也会让客户更加注意听取你的意见。

总之，客户的异议就是成交的机会，只要销售人员能把握机会，耐心聆听并解答客户的异议，为客户提供满意的服务，客户异议就变成了成交的机会。

三、处理客户异议的方法

1. 转折处理法

转折处理法，是销售工作中常用的方法，即销售人员根据有关事实和理由来间接否定客户的意见。应用这种方法首先承认客户的看法有一定道理，也就是向客户作出一定让步，然后再讲出自己的看法。此法一旦使用不当，可能会使客户提出更多的意见。在使用过程中要尽量地少使用"但是"一词，而实际交谈中却包含着"但是"的意见，这样效果会更好。只要灵活掌握这种方法，就会保持良好的洽谈气氛，为自己的谈话留有余地。

2. 转化处理法

转化处理法，是利用客户的反对意见自身来处理。客户的反对意见是有双重属性的，它既是交易的障碍，同时又是一次交易机会。销售人员要是能利用其积极因素去抵消其消极因素，未尝不是一件好事。

这种方法是直接利用客户的反对意见，转化为肯定意见。但应用这种技巧时一定要讲究礼仪，而不能伤害客户的感情。此法一般不适用于与成交有关的或敏感性的反对意见。

3. 以优补劣法

以优补劣法，又叫补偿法。如果客户的反对意见的确切中了产品或公司所提供的服务中的缺陷，千万不可以回避或直接否定。明智的方法是肯定有关缺点，然后淡化处理，利用产品的优点来补偿甚至抵消这些缺点。这样有利于使客户的心理达到一定程度的平衡，有利于使客户作出购买决策。

当推销的产品质量确实有些问题，而客户恰恰提出："这东西质量不好。"销售人员可以从容地告诉他："这种产品的质量的确有问题，所以我们才削价处理。不但价格优惠很多，而且公司还确保这种产品的质量不会影响您的使用效果。"这样一来,既打消了客户的疑虑,又以价格优势激励客户购买。这种方法侧重于心理上对客户的补偿,以便使客户获得心理平衡感。

4. 委婉处理法

销售人员在没有考虑好如何答复客户的反对意见时,不妨先用委婉的语气把对方的反对意见重复一遍,或用自己的话复述一遍,这样可以削弱对方的气势。有时转换一种说法会使问题容易回答得多。但只能减弱而不能改变客户的看法,否则客户会认为你歪曲他的意见而产生不满。销售人员可以在复述之后问一下:"你认为这种说法确切吗？"然后再继续下文,以求得客户的认可。比如客户抱怨"价格比去年高多了,怎么涨幅这么高",销售人员可以这样说:"是啊,价格比起前一年确实高了一些。"然后再等客户的下文。

5. 合并意见法

合并意见法,是将客户的几种意见汇总成一个意见,或者把客户的反对意见集中在一个时间讨论。总之,是要起到削弱反对意见对客户所产生的影响。但是注意不要在一个反对意见上纠缠不清,因为人们的思维有连带性,往往会由一个意见派生出许多反对意见。摆脱的办法,是在回答了客户的反对意见后马上把话题转移开。

6. 反驳法

反驳法,是指销售人员根据事实直接否定客户异议的处理方法。

理论上讲,这种方法应该尽量避免。直接反驳对方容易使气氛僵化而不友好,使客户产生敌对心理,不利于客户接纳销售人员的意见。但如果客户的反对意见是产生于对产品的误解,而你手头上的资料可以帮助你说明问题时,你不妨直言不讳。但是注意态度一定要友好而温和,最好是引经据典,这样才有说服力,同时又可以让客户感到你的信心,从而增强客户对产品的信心。反驳法也有不足之处,这种方法容易增加客户的心理压力,弄不好会伤害客户的自尊心和自信心,不利于推销成交。

7. 冷处理法

对于客户一些不影响成交的反对意见,销售人员最好不要反驳,采用不理睬的方法是最佳的。千万不能客户一有反对意见,就反驳或以其他方法处理,那样就会给客户造成你总在挑他毛病的印象。当客户抱怨你的公司或同行时,对于这类无关成交的问题,都不予理睬,转而谈你要说的问题。

四、处理客户异议过程中的礼仪

(1) 销售人员在与客户进行异议处理交谈的过程中,要有端正的站姿,要求：挺直上身,男士双脚略微分开,女士正位站姿,双手放在腹前,面带微笑,目光时刻停留在客户的身上,让客户知道他的问题和异议你非常重视。

(2) 销售人员如果是与客户在休息区交谈,那么首先休息区的洽谈桌一定要整洁。销售人员坐姿要求:坐满椅子的2/3,身体前倾,双手放在桌子上,目光停留在客户的身上,面带微笑,认真回答客户的问题。

（3）销售人员应适时地给客户准备好茶水和饮料。

（4）销售人员在回答客户异议时，要注意语言礼仪的运用，切不可伤及客户的自尊心，从而导致交易的失败。

（5）销售人员适时地运用手势礼仪给客户讲解资料上的内容，以事实来说话，更能够让客户信服。

五、报价签约的礼仪

在报价签约这一环节，汽车销售人员要运用得体的礼仪，透明、公平和有效的报价，加上价格谈判的技巧，使得客户对于产品的性价比充分认识，增强对汽车品牌及产品的尊重和信赖。同时，汽车销售人员要敏感地把握成交信号，不失时机地采用积极的成交技巧来促成交易，实现个人和公司销售业绩的提升。

1. 报价签约前的准备

（1）汽车销售人员将客户带到洽谈区，洽谈区要整洁，营造温馨、宁静的环境。

（2）多数 4S 店在展厅播放音乐，让优美的音乐为客户送来清爽之意，音量控制要适宜，音乐选择要求舒缓。

（3）就座位置考虑周到，体现对客户的尊重。

（4）汽车销售人员要将手机关机或调成震动的模式，最好不要接电话。

（5）汽车销售人员要准备好茶水及饮料。

（6）汽车销售人员还需要准备好必备的资料文件，与客户进行价格谈判时使用。

2. 报价签约过程中的礼仪

（1）汽车销售人员要面带微笑，认真倾听客户说什么，客户试图说什么，客户的真实用意是什么。倾听的时候汽车销售人员还要做到专注，要目视对方的双眉之间，让客户感觉到汽车销售人员的专注。同时，身体前倾，左手拿本，右手拿笔，适当记录。要让客户有跟汽车销售人员一见如故的感觉。

（2）在报价签约环节，汽车销售人员沟通中的"说"，必须与客户最关心的"利益"两个字有关系，这点如果发挥得好，客户就会感兴趣，对销售人员的服务也会更加满意。

（3）在面对杀价时，更要表现车汽车销售人员的专业性，努力做到坚持"公司产品的价格"和"自我品牌的价值"一样重要，强调"物有所值"。同时还要掌握讨价还价的技巧，如果客户在价格上要挟销售人员，就和他们谈质量；如果客户在质量上苛求销售人员，就和他们谈服务；如果客户在服务上挑剔销售人员，就和他们谈条件；如果客户在条件上逼迫销售人员，就和他们谈价格。

（4）在谈判过程中，汽车销售人员要控制语速、语音、语调，做到娓娓道来、不急不躁。

3. 报价签约的注意事项

（1）汽车销售人员在报价签约过程中的禁忌：

① 立即、直接回答；

② 直接反驳。

（2）汽车销售人员经常出现的问题：

① 缺乏足够的耐心，慌神且多言；

② 过度兴奋或者表现出傲慢情绪；

③ 提出愚蠢的问题。

第六节 新车交付的礼仪

交车环节是客户最兴奋的时刻,在这个步骤中,按约定你要把一辆客户喜欢的车交给他,这对于提高客户的满意度起着至关重要的作用,而这正是我们过去所忽视的,在交车服务中与客户建立朋友关系实际就是准备进入新一轮的客户开发,这个观念很重要。

一、新车交付的目的

汽车销售人员按照销售流程标准,为客户提供满意的服务,会使客户感受到销售人员及其他所有的经销商的工作人员都在分享他的欢乐与喜悦。同时,在整个交车过程中,汽车销售人员要让客户充分了解新车的操作和使用,以及后续保养服务事项,通过热情、专业、规范的交车,来加深客户印象,提高客户满意度,并以此为机会发掘更多的销售机会,拓展汽车品牌形象。

二、新车交付的程序

首先由客户挑选车辆,通知仓库保管员客户所选车辆型号及颜色,由其将车辆提至指定区域待选。销售人员要陪同客户进行选车,及时解答客户在选车过程中提出的疑问,待客户确定外观无损后,打开车门起动发动机,检查发动机是否运转正常,查看内饰件是否有损,各功能件是否操作无误。在选车的过程中,一般不可以移动车辆,因客户操作不当而造成的任何车辆损失问题均由销售人员来承担。

客户确定好所要购买的车辆后,销售人员即可通知财务安排交款事宜。一般应该坚持车款到账提车的原则,以免产生不必要的纠纷。

车辆交付手续一般包括以下几个方面。

(1)领取档案。销售人员到仓库保管员处领取车辆档案,领取的档案一定要与客户所选定的车辆一致,当面核对档案袋内容,如合格证、技术参数表、车辆使用说明书、保修手册、点烟器及交车手续等,特别注意合格证上的车架号、发动机号与所售车辆要绝对一致。

(2)开具发票。客户须提供有效的身份证件作为开票依据。注意开完发票后要认真核对,确保其准确无误,以免为后续车辆落户工作造成麻烦。

(3)填写购车单。客户信息的填写务必要准确,为后续跟踪服务提供有效依据。交车前一小时完成所有行政、证件、交款的相关手续。

(4)建立客户档案。复印合格证、技术参数表、发票、客户有效证件、条形码用于建档。客户档案一般包括的内容有：加盖业务专用章的购车单一张、合格证复印件、技术参数表复印件、条形码和客户有效证件复印件、发票复印件、需客户签字确认的汽车交付表、需客户签字确认的技术报告单等。

（5）填写保修手册。内容的填写必须详细、清晰且符合标准。分别由客户、销售部门、售后服务部门各留一份。

（6）车辆交付。再次核对发动机号和车架号是否清晰无误，检查随车工具是否齐备，为客户详细讲解车辆使用及操作过程中应注意的事项。客户在汽车交付表及技术报告单上签字确认完成交车。

（7）带客户参观维修部门，向客户介绍适当的维修人员和维修程序。销售人员向客户介绍保修和保养计划、保养项目、保养秘诀等。销售、售后部门相关人员与客户合影留念，确认车主购车过程、交车过程是否满意，约定下次电话拜访的可能时间。

（8）交车程序结束后，如果建立俱乐部或会员制的公司，要用一种恰当的方式将公司的会员卡送给客户，将与之相关证件的复印件留档，并做好记录备查。提醒客户将公司介绍给他的亲戚朋友。

三、新车交付的礼仪

1. 交车前应做好的准备

（1）汽车销售人员首先用电话联系客户，商量交车时间，询问与客户的同行人员、乘坐的交通工具，对交车流程和所需时间做简要介绍，提示客户带上必备的证件，并且询问客户还有什么要求。

（2）汽车销售人员在与客户约定的时间前，提早在展厅迎候客户的到来，穿着正装，举止得体，语言亲和、友善。

（3）汽车销售人员要对车辆进行必要的检查和清洁，使得车辆清洁、清新。

（4）汽车销售人员事先要协调好售后服务部门及客服中心，保证交车时相关人员在场，在交车过程中要将售后服务人员介绍给客户。

（5）汽车销售人员准备好需要签字的各种文件，确认并检查车牌、发票、随车文件和工具等。

（6）汽车销售人员确认客户的服务条件和付款情况及车辆的保险等。

（7）将车放在已打扫干净的交车区内，准备好车辆出门证。

（8）汽车销售人员准备照相机、礼品、服务优惠券等。

2. 简短热烈的交车仪式

通过仪式向客户传递信息，我们是专业的、可以信赖的经销商，是能够为客户提供优质售后服务的团队。选择恰当的赠品来赢得客户关注。

交车仪式包括开场白、介绍、个性演讲、祝贺、赠送礼物、欢送。

（1）开场白、介绍：

① 向客户介绍售后服务人员，由售后服务人员介绍售后服务部的工作时间、预约流程，

并递交名片；

② 向客户及其家属赠送鲜花、小礼品，拍照纪念并鼓掌表示祝贺；

③ 主动询问周围是否有潜在客户；

④ 陪同试车/提供送车服务（如果客户有需要）；

⑤ 请客户填写《客户满意度调查表》（由客服部负责）。

（2）欢送：

① 确认客户可接受的售后跟踪联系方式，说明跟踪目的；

② 感谢客户选择产品，并恭喜客户拥有了自己的新车；

③ 提醒就近加油，并指明具体位置，提供出门证；

④ 根据客户去向，指导行驶路线；

⑤ 送客户到门口，目送客户远去至看不见为止。

交车仪式时间一般 30~50 分钟较为合适，时间过短仪式显得仓促，时间过长客户会等得不耐烦。

3. 交车后追踪

一般 3 日内尽可能致电，或亲自拜访，了解车辆使用情况，定期或不定期地进行持续性的沟通，预约回厂进行保养，以便建立长期的服务关系。

第七节　售后跟踪的礼仪

汽车销售流程最后一个环节是售后跟踪。对于保有客户，销售人员应该运用规范的技巧进行长期的维系，以达到让客户替你宣传、替你介绍新客户来看车、购车的目的。因此，售后跟踪服务是一个非常重要的环节，可以说是一个新的开发过程。

汽车售后跟踪服务逐渐成为每一个汽车品牌所关注的热点，因为它直接关系到一个产品品牌形象的确立，关系到一个企业的生存与发展。企业重视汽车售后服务，不断改善汽车售后服务品质，提高汽车售后服务质量，才能得到客户的认可，客户对其满意度才能提升，从而使普通客户成为忠诚客户，直到成为永久客户。

一、售后跟踪的目的

汽车售后跟踪的目的，首先是让客户体验到"一切为了客户""客户至上"的服务理念和品牌形象。其次，期望与客户保持长期的联系，使客户对销售人员的服务满意，从而为公司赢得后市场的服务机会。再者，通过老客户的口碑带来更多的潜在客户，赢得更多的销售机会。最后，汽车售后跟踪可以确保车辆出现问题后，能够得到及时的处理和解决，使客户解除后顾之忧，信赖品牌，依赖品牌，最终赢得客户的忠诚。

二、售后跟踪的主要内容

（1）关心车辆使用情况。
（2）对客户提出的技术问题或抱怨应迅速回应。
（3）提醒免费保养和定期保养并替客户安排回厂事宜。
（4）提醒车检和续保。
（5）拜访客户并请其提供情报。
（6）了解客户增购意向。
（7）促进客户更新使用车辆。

三、售后跟踪的方式

1. 定期回访

（1）购车后 24 小时关怀电话。
（2）一周后关怀电话。
（3）两个月的关怀电话（提醒首保）。

（4）客服中心的关怀电话（定保、首保等）。

（5）特殊节日的关怀电话。

2. 组织车友会活动

（1）自驾游活动。

（2）爱车讲堂活动。

（3）节假日主题活动。

3. 上门拜访

（1）车主特殊节日拜访。

（2）上门服务拜访。

四、售后服务跟踪的相关礼仪

1. 电话回访礼仪

（1）准备资料。在电话回访之前，需要准备好相关资料、记事本等，并且将所要说的事情整理好通话要点。当对方提问以后再去找资料会显得不礼貌，而且事情也谈不好，可能使用到的资料要事先准备好。

（2）确认姓名和号码。打电话之前要考虑到客户的姓名和电话号码的正确性，要在与对方约定好的时间拨打电话，尽量避开清晨、深夜、吃饭的时间等，否则会给客户造成不便。

（3）拨号。拨打电话时，坐姿要标准。万一拨错了电话也要礼貌地说一声"对不起，打错电话了"，然后再挂掉。同时，拨打电话时也要考虑到自己周围的环境。

（4）报姓名/寒暄。电话接通后，首先报上公司的名字，然后再报上自己的姓名和职务。

（5）确认对方。报完姓名后，确认对方是否是你要联络的客户，并询问对方是否方便接听电话。如果对方忙或者表现出不方便时，应理解并歉意，改日再联络。

（6）内容叙述。将电话回访的内容叙述给客户，在叙述过程中要求语言简便、抓住重点、表达清晰，切不可罗里啰唆，让对方听不出回访的重点在哪里。

（7）再次确认。在所有的内容叙述完成后，要询问客户是否明白你所说的内容，如果不明白要耐心地再次讲述一遍，直至客户明白为止。销售人员最好养成当场复述的习惯，这样才能在工作中少出差错。

（8）结束通话。在结束回访时，首先要向客户表示感谢，并与客户寒暄几句，用简单的语言对给客户造成的打扰表示歉意，等到客户挂电话后销售人员再挂电话，千万不要先挂电话，这样会使人觉得你很没有礼貌和修养。

2. 上门拜访的礼仪

（1）事先有约。汽车销售人员如果需要上门拜访客户的话，首先要做的事情就是以写信、打电话或者口信预约的方式与客户约定拜访的时间和地点，并将拜访的原因和目的简单地告知客户，让客户有心理准备，不至于很突兀。

（2）时间恰当。如果汽车销售人员拜访客户的地点是客户的工作单位，在时间上来说就不要选择星期一，因为星期一是一周的开始，客户在这个时间段最忙。如果是到家里拜访，最好的时间是节假日的下午或晚饭以后，避开对方用餐时间。

（3）认真准备。汽车销售人员在拜访客户之前需要根据访问的对象、目的、场所等，将自己的衣饰、容颜进行修饰。虽然不用穿得特别的正式，但是也不能过于休闲，穿着上要显示出自己的品位。女士的妆容还是以淡妆为主，不宜浓妆艳抹。

（4）遵时守约。在出发之前就要计算好时间，规划好路线，千万不能迟到，最好是离约定好的时间早两三分钟。

（5）进门有礼。如果拜访的是客户的家，在按门铃时时间不要太长，敲门声也不要太大。进屋前，应礼貌地询问是否要换鞋；随身的外衣、雨具以及携带的礼品或物品，应放在主人指定的地方。

（6）做客有方。没有主人邀请，不应该提出参观主人的房间，更不应该到处乱闯，特别不应该随便进入卧室。即使是比较熟悉的朋友，也不要去触动主人的物品和室内陈设、书籍。对主人家的个人生活和家庭情况不要过度关心，否则也是不礼貌的。

（7）注意仪态。在与客户进行交谈时，注意自己的坐姿，不要跷二郎腿，不要将后背倚在沙发或椅子的背上，面带微笑，询问客户车辆的使用情况以及提醒客户的保养时间等。

（8）适时告辞。拜访的时间不宜过长，谈完该谈的事，叙完情谊，及时起身告辞。说一些"打扰了""添麻烦了""谢谢""请你以后多指教""希望以后多多合作"。应先向长辈告辞；若主人处还有其他客人，也要礼貌地道别。出门后应主动请主人留步。

五、售后跟踪与开发新客户

汽车销售人员在开发新客户时有很多种方法，比如朋友介绍的、平时参加车展活动的、驾校的、汽车俱乐部的，等等，其中，老客户介绍新客户的方法占了很大的一部分比例，由此可见，售后跟踪除能够维系老客户之外，第二个功能就是能够为销售人员带来新的客户资源。

在利益方面，汽车销售人员可以通过以下活动，保持与老客户的联系，帮助客户解决问题，提高客户的满意度，同时发掘新的潜在客户。

（1）汽车销售人员亲自拜访，或者遇到节日、生日及时送去短信祝福，体现关怀，使客户感受到温暖。

（2）汽车4S店组织客户联谊活动，创造汽车销售人员与客户各种沟通的机会，比如篮球赛、自驾游、登山、滑雪、联欢会等，为汽车销售人员与客户搭建交流的平台。

项目五

汽车售后服务礼仪

本项目全面介绍了汽车 4S 店售后服务流程中的礼仪内容，其中重点阐述了七大流程的客户期望、基本要求，着重描述了各个子流程的行为规范，对需要用到的礼仪进行了详细的解释。

第一节 汽车 4S 店售后服务概述

一、汽车售后服务概念

汽车售后服务是指汽车作为商品销售出去以后，由制造商、销售商、维修商、配件商等服务商为客户及其拥有的汽车提供的全过程、全方位服务。

汽车售后服务的直接服务对象是客户，间接服务对象是汽车。提供服务的主体是制造商、经销商、维修商、配件商等服务商，每一个主体都在自己的经营范围内提供相应的服务。

汽车售后服务贯穿汽车的整个生命周期。在汽车售后的全过程中，有售后的前期服务，包括购车代理、汽车消费信贷、汽车保险代理；中期服务，包括汽车保修索赔、汽车维护与汽车检测、汽车配件供应、汽车美容装饰；后期服务，包括二手车交易和报废车回收。

二、汽车售后服务的作用

（1）一流的售后服务是一个全方位的概念，可以确保用户在购车之后能持续地体验到汽车品牌及其产品的承诺，并使客户产生因作出了正确的决定而放心的感受。

（2）一流的售后服务在激发品牌忠诚度和再次购买同一品牌其他车型上扮演着非常重要的作用。

各大品牌汽车多建立了类似"流程及行为指导手册"之类的规章，为售后服务人员提供详细的指导，完善流程并建立以"提供一流服务"为核心的行为规范。如广汽本田建立了《广汽本田标准售后服务流程》，奥迪编制了《流程及行为指导手册》，均用以培训和指导售后服务人员。

这些或称"流程及行为指导手册"，或称"标准售后服务流程"的主要功能，就在于规范服务人员的行为，其核心部分就是一种行为规范，是汽车销售与服务人员在具备了一些专业、礼仪基本素养的基础上必须遵行的岗位行为规范。这种行为规范，尽管会因为企业文化底蕴、文化背景的不同，在具体细节上会有差异，但是，其终极追求是一致的——以让用户享受尊贵礼遇为基础，满足用户的高度期望，激发用户对品牌的忠诚度。

三、汽车 4S 店维修类型

1. 定期保养车辆

按制造厂的规定按照行驶的里程数或使用时间对车辆进行保养，确保车辆安全使用，一般按照 3 个月或累计行驶 5000 公里进行保养。

2. 车辆故障维修

车辆故障维修是指汽车在正常使用过程中，为消除因使用过程中的零件磨耗、间隙失调所发生的故障或隐患，必须通过专业维修技师做配合间隙调整或零件修理，从而保证或恢复车辆技术性能所做的局部修理作业。

3. 事故车辆保险代赔

车辆在道路行驶中由于意外肇事或操作不当，造成汽车外形变形或局部机械部件损坏，影响美观、使用效果，造成燃油增加，而需要的恢复性修理称为事故修复。车辆事故损伤鉴定一般由汽车 4S 店售后服务人员联系保险公司，由汽车 4S 店为肇事车主维修，委托代办理赔服务。

4. 索赔服务

汽车是由成千上万个零件组成的运输机械，各工序都有严格的检验。但由于生产环节过多，车辆使用环境条件差异等不确定因素也多，制造过程中存在零件公差、装配公差，导致偶然产品质量瑕疵，因此汽车制造厂为汽车产品（包括整车和配件）提供了有条件的保修、索赔服务。汽车 4S 店受汽车制造厂的委托承担索赔服务。索赔分两种情况：

（1）整车保修索赔期（具体政策可按国家规定执行）；

（2）配件保修索赔期（按照不同的零配件采取不同保修里程和时间要求进行）。

四、汽车售后服务人员的岗位职责

（1）以服务客户为根本，对工作尽职尽责。

（2）热情接待客户，必须使用文明用语，了解客户的需求及期望，为客户提供满意的服务。

（3）着装保持专业外貌，待客热情、诚恳，谈吐自然大方，保持接待区整齐清洁。

（4）熟练掌握汽车知识、评估维修要求，及时准确地对维修车辆进行报价，估计维修费用或征求有关人员（上级）意见并得到客户确认后，开出维修工单，并耐心向客户说明收费项目及其依据。

（5）认真接待客户车辆，仔细检查车辆外观、内饰并认真登记，同时提醒客户将车内的重要物品保管好。

（6）掌握车间的维修进度，确保完成客户交修项目，按时将状况完好的车辆交付客户。对未能及时交付的车辆应提前与客户沟通，讲清楚原因。

（7）严格执行交、接车规范。

（8）根据维修需要，在征求客户同意的前提下调整维修项目。

（9）协助客户做好车辆的结算工作，热情服务，提高客户的满意度。

（10）善于与客户沟通，全方位地引导客户提高对车辆维修保养的认识。

（11）定期向客户进行回访，征求客户的意见，考察客户的满意度，并根据相应项目做好记录。

（12）加强服务理念，待客真诚热情，使客户愿意成为永远的朋友。

（13）处理好客户的投诉，根据实际情况认真耐心地做好解释，最大限度地降低客户的投诉。

（14）认真检查核对车辆及送修人的相关信息，及时准确地完成信息系统的录入。

（15）认真听取和记录客户提出的建议、意见和投诉，并及时向上级主管汇报。

（16）宣传本企业，推销新技术、新产品，解答客户提出的相关问题。

（17）不断学习新知识、新政策，努力提高自身业务水平，按时参加部门内部的培训。

五、汽车售后服务流程

汽车售后服务流程就是汽车 4S 店的业务流程，这个流程是产生某一结果的一系列过程、方法，或者处理。汽车售后服务流程有七个环节，简称七步法，如图 5-1 所示。

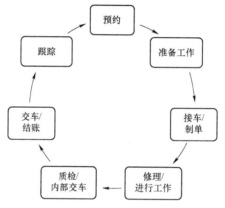

图 5-1　汽车售后服务流程

执行售后服务流程时，应注意以下几点。

（1）切记要以客户为中心。

（2）公布及遵循对客户的承诺，并接受客户的监督。

（3）培养服务人员的服务热情，并传授客户关系管理的理念。

（4）加强宣传、贯彻、执行及监督的力度。

（5）七步服务环节应环环相扣。

（6）各部门之间应以客户服务为中心，相互配合与支持。

（7）七步服务应形成闭环。

（8）注重售后跟踪及后续工作的改进。

第二节　预约的礼仪

预约是客户与修车服务流程的第一次接触。客户对售后服务的承诺一般都抱有很高的期望，客户在最初的接待中对服务质量的体验取决于他的预期期望，这意味着客户对初次接触有很高的期待，这次接待必须出色，且超出客户的期望，没有第二次机会来形成良好的第一印象。预约主要分电话预约和当面预约两种。

一、预约的好处

1. 从客户角度来说

（1）缩短客户非维修等待时间。
（2）节省客户的宝贵时间。
（3）有更多的时间咨询、沟通。
（4）维修人员可以马上开始工作。
（5）可免费享受一些维修项目。

2. 从经销商角度来说

（1）可以合理安排维修工作量，节约时间，从而提高生产效率。
（2）使维修车间工位快速周转，确保维修质量，提高客户满意度和忠诚度。
（3）降低维修成本，避免客户集中出现，可以从容应对，避免不必要的纠纷。
（4）可以事先准备配件，实行计划作业，节约零配件库存，提高流动资金利用率，实现高效服务。

二、客户的期望

（1）联系畅通在营业时间之内及营业时间之外都能持续联系上（联系方式有电子邮件、24小时救援电话、工作信件的晚间传递信箱）。
（2）接待人员专业、热心、耐心，能致以友好的问候和建议，掌握所有重要的客户信息，完全了解（客户）车辆的历史。录入新客户的详细资料和车辆数据。
（3）需求评估和咨询。耐心、仔细记录所有必要信息、客户的愿望及关注点，能根据客户的愿望和要求调整所提供的建议，最终确定协议的相关报价。协议主要涉及以下内容：
① 维修及服务范围；
② 提供专项服务，例如更换轮胎；
③ 接车时间/类型；

④ 指定的服务人员；

⑤ 初步的取车日期；

⑥ 可接受的价格。

三、预约的流程

预约的标准规范流程如图 5-2 所示。

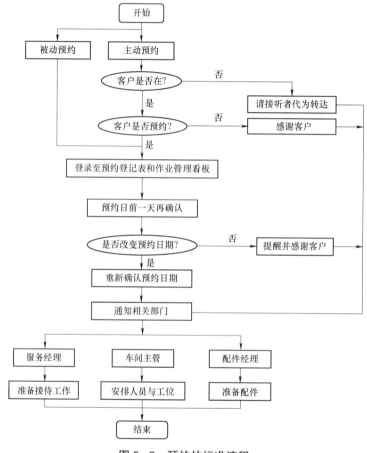

图 5-2 预约的标准流程

四、预约的基本要求

预约的主要目的是控制客户到访 4S 店的流量，尽量将客户进店的时间分配在进店流量的低谷时段，保证服务人员与客户交流的时间和服务质量最大化，提高客户满意度。希望客户通过预约服务，感受到高度的专业性。在预约中有以下几个要点。

（1）一定要由专业的、热心的、专注的服务顾问向客户致以友好的问候并提供咨询，4S 店要充分利用这次机会。

（2）一位客户来电在不多于 3 次铃响时，负责安排预约的服务顾问（通常是来自呼叫中心）要接听电话，友好地欢迎客户并将注意力集中在客户的名字及来电的原因上。

（3）首先表明接听者的职责和职位，只有向客户明确自己的职责和职位，才能确保快速反应时间。当客户知道与自己通话者姓名时可消除匿名感，名字是一个人对话时最重要的个人信息，对名字的重视就是对人的重视，是信任和重视的标志。

（4）集中全部注意力对待客户，不要仅仅听取内容，要听出"细微的差别"，可以用一些确认词来表明服务顾问正在注意倾听，例如"好的、我明白了、哦、是的、我理解"，这表明自己对客户关注的问题是感兴趣的，客户会感觉到服务人员对他的尊重。

（5）总结要点并定时提及客户的名字（如果合适）。可以用类似"您看我总结的是否正确，这样服务顾问可以更好地为您做预约的准备"的话语告诉客户，现在没什么事比确认需求内容更加重要的了。

（6）同客户道别之前，用下列问题结束通话："××女士/先生，请问我是否满足了您的愿望和要求？"这个问题表明服务顾问希望尽全力来满足客户关心的事情。

（7）友好地感谢客户的来电并道别。如"××职务、姓名的女士/先生，感谢您的来电和对我们的信任。"当服务顾问感谢客户的来电时，尽管这也是客户关注的，但客户也许并没期望服务顾问能对此表示感谢，因此服务顾问所做的已经超出了客户的期望。

五、预约的方式（见图 5-3）

图 5-3 电话预约

1. 主动预约

（1）采用电话的方式邀请客户。选择客户首选的联系时间段，采用电话的方式直接邀请客户。

（2）以友好、缓和的语调问候客户，包括以下内容：

① 友好的问候，尊称客户姓氏（例如：李先生、李女士等）；

② 说明品牌的名称；

③ 说明 4S 店的名称；

④ 说明工作岗位的名称；

⑤ 说明本人的姓名；

⑥ 说明拨打客户电话的目的（邀请客户）；

⑦ 征求客户关于接受预约的意见；

⑧ 通话过程中保持礼貌与热情。

（3）编制电话直接邀请的标准话术，进行练习，并且通过电话录音实施检查。

（4）如果出现 3 次无人接听或者电话号码错误的情况，需要将始终无法取得联系的客户的详细情况记录在运营管理系统或者预约记录单中，准备传递给服务顾问进行必要的核实。

2. 被动预约

（1）接听客户的预约电话：

① 在电话铃响 3 声或者彩铃响 9 秒内接听客户的电话。

② 可以设置电话的自动应答功能，预防在接听客户电话的高峰时期，电话占线或者无人接听。

③ 以友好、缓和的语调问候客户，包括以下内容：

a. 友好的问候。例如：先生/女士，您好！

b. 说明品牌的名称；

c. 说明 4S 店的名称；

d. 说明工作岗位的名称；

e. 说明本人的姓名；

f. 感谢客户主动联系 4S 店；

g. 询问能够向客户提供何种帮助；

h. 通话过程中保持礼貌与热情。

（2）编制接听客户电话的标准话术进行练习，并且通过电话录音实施检查。

（3）积极倾听客户的要求，确认服务需求。

（4）采用开放式的提问，引导客户主动讲述车辆的实际状况和服务需求，并且在运营管理系统或者预约记录单中进行详细的记录。

（2）接受客户的网络预约：

① 在 4S 店网站上设置方便客户预约进店的功能。

② 4S 店的网站需要符合品牌形象。

③ 与客户进行在线沟通。

④ 客户可以自行选择预约进店的时间、预约服务项目，指定服务顾问，记录客户需求。

⑤ 如果客户通过 4S 店网站上的预约服务功能进行预约，运营管理系统或者网站的预约服务功能页面应该可以主动提示预约服务专员，查看客户的预约信息。

a. 预约服务专员应该每天查看 4S 店网站的预约服务功能页面，查看客户的预约信息。

b. 当查看到客户在网站中的问询时，在 10 分钟内回复客户的问询。

c. 当查看到客户在网站中提出的预约服务申请（包括选择预约进店的时间、预约服务项目，指定服务顾问等）时，首先确认近期的预约计划，在 30 分钟内回复客户，确认是否可以接受客户的预约服务申请。

d. 如果可以接受客户的预约需求，与客户确认服务需求和预约日程，进入接待前准备。

e. 如果无法接受客户的预约需求，与客户协商，提供三个预约时间段供客户选择。

第三节 准备工作的礼仪

准备工作是查阅车间流程的实际预备工作。认真细致地做好预约准备工作可以展现自己的能力，节省宝贵的时间，特别是对经销商来说，还能提高整个服务核心流程的效率和公司的效率。多数情况下维修项目已在准备工作时确定，这将为接车登记和咨询时详细的谈话留下更多的时间。车间及备件的同事提前获得这些信息可以更好地进行相关准备。

一、客户的期望分析

（1）4S店在客户到达时已经做好欢迎接待、环车检查、维修、配件供应等环节的准备。

（2）亲切热情的服务接待；迅速专业的环车检查；精准高效的维修；实时供应的纯正配件；细柔干净的快速洗车；正确方便的收银流程。

（3）客户希望4S店做好上述准备，并对他们的到访表示感谢。

二、准备工作的要点

"接待前准备"这一流程的主要目的是确保客户在到达4S店前服务人员已经做好了充分准备，保证服务顾问与每位客户的交流时间和服务质量，在最大程度上方便客户，提高客户满意度。在接待前准备流程中有以下几个要点。

（1）确认预约信息。查看运营管理系统或者预约记录单，确认预约客户的信息、车辆的信息、预约的内容，必要时，查看客户的服务履历，详细浏览客户车辆曾经维修的项目和故障的原因。

（2）确认预约计划。预约服务专员将运营管理系统中或者客户预约进店日的预约计划表信息传递给服务经理、车间经理、配件经理。

（3）确认配件准备。配件经理查看运营管理系统或者预约计划表的预约信息，根据配件订购的政策，保证维护类和消耗类配件的库存充足。

（4）确认维修准备。车间经理查看运营管理系统或者预约计划表的预约信息，并详细浏览服务履历，查看客户车辆曾经维修的项目和故障原因。

（5）确认接待准备。服务经理查看运营管理系统或者预约计划表中的客户、车辆、预约服务的信息。

（6）确认客户进店。按照客户首选的联系方式和时间在预约进店时间前24小时再次提示预约客户，以及在预约进店时间前1小时最终提示。

三、准备工作的流程

（一）确认预约信息

预约服务专员查看运营管理系统或者预约记录单中记录的预约信息。

1. 确认预约客户的信息

（1）车辆所有者的名称或者姓名、邮寄地址、联系电话等必要信息。

（2）送修客户的姓名、邮寄地址、联系电话等必要信息。

（3）了解送修客户的性格类型、喜好的饮料、休闲方式等信息。

2. 确认客户车辆的信息

这包括车牌号码、车辆识别码、发动机号码、质量保证期、车辆型号、车身颜色等必要信息。

3. 确认客户预约的内容

（1）客户在预约时提出的服务需求。

（2）预约时与客户沟通的服务项目。

（3）根据客户预约的服务项目所预计的服务时间。

（4）根据客户预约的服务项目所估算的服务费用（包括工时费用、配件费用和其他费用等）。

（5）如果有必要，预约服务专员利用4S店运营管理系统查看客户的服务履历，详细浏览客户车辆曾经维修的项目和故障原因。

（6）对于有投诉记录的客户，将需要关注的事项录入预约计划表，提示服务顾问等相关服务人员。

（7）对于临近车辆质量保证期结束的客户，应该特殊标注，提醒服务顾问重点关注。

4. 确认预约计划

（1）在客户预约进店日的前三天：

① 预约服务专员根据已经确认的运营管理系统或者预约记录单中记录的预约信息，确认客户预约进店日的预约计划，制作客户预约进店日的初期预约计划表；

② 预约服务专员将运营管理系统中或者客户预约进店日的预约计划表中记录的预约信息传递给服务经理、车间经理、配件经理；

③ 需要传递的预约信息包括预约客户的姓名、客户车辆的车牌号码和车辆型号、预约服务的项目类型（例如定期维护、一般维修、其他项目等）、注意事项、涉及的配件需求、需要指定的服务顾问或者维修技师等必要信息；

④ 配件经理根据运营管理系统或者预约计划表中记录的预约信息进行配件的准备工作。

（2）在客户预约进店日的前两天：

① 服务经理和车间经理根据运营管理系统或预约计划表中记录的预约信息进行接待和维修的准备工作；

② 预约服务专员核实运营管理系统和客户预约进店日的预约计划表中记录的预约信息，调整并且确定客户预约进店日的预约计划，与相关的服务部门共同确认客户预约进店日的最终预约计划表。

（3）在客户预约进店日的前一天：

① 服务顾问、服务经理、车间经理、配件经理针对预约信息已经完成了必要的准备工作；

② 预约服务专员在临近客户预约进店的时间前 24 小时再次提醒客户进店。

（4）客户预约进店日：预约服务专员在临近客户预约进店的时间前 1 小时最终提醒客户进店，准备迎接客户进店。

5. 确认配件准备

（1）在客户预约进店日的前三天准备：

① 配件经理查看并且确认运营管理系统或者预约计划表中记录的预约信息；

② 核对预约客户信息、客户车辆信息、预约服务信息；

③ 配件部门应该根据配件订购的政策，保证维护类和消耗类配件的库存充足，保证实时出库和维修技师的使用；

④ 如果维护类和消耗类配件的库存短缺，应该保证在客户预约进店日的前一天到货；

⑤ 配件部门应该建立配件的安全库存；

⑥ 如果发生配件供应异常，配件部门根据配件政策订购配件，确认配件的订购清单，明确需要订购配件的预计到货时间（必要时，执行配件的紧急订货）；

⑦ 如果配件能够按时到货，配件部门进行相关的检查；

⑧ 如果配件无法按时到货，配件部门应该优化配件订购的流程。

（2）在客户预约进店日的前两天准备：

① 查看运营管理系统或预约计划表中记录的预约信息，确认客户预约进店日的最终预约计划；

② 确认在客户预约进店日需要的配件的库存情况或者订购配件的到货情况。

（3）在客户预约进店日的前一天准备：根据运营管理系统或者预约计划表中记录的预约信息，提前准备预约服务需要的配件，将预约服务需要的配件存放在预约服务专用的配件区域。

6. 确认维修准备

（1）在客户预约进店日的前三天准备：

① 车间经理查看并且确认运营管理系统或者预约计划表中记录的预约信息；

② 核对预约客户的信息、客户车辆的信息、预约服务的信息；

③ 如果有必要，利用运营管理系统查看客户的服务履历，详细浏览客户车辆曾经维修的项目和故障原因。

（2）在客户预约进店日的前两天准备：

① 查看运营管理系统或者预约计划表中记录的预约信息,确认客户预约进店日的最终预约计划;

② 查看在客户预约进店日中所有维修技师的出勤计划;

③ 查看在客户预约进店日中用于预约的维修工位的情况;

④ 查看在客户预约进店日中所涉及的维修设备和维修工具的状态,查看维修设备和工具的维护记录;

⑤ 如果客户有需要,车间经理将指定负责维修预约客户车辆的维修技师名单告知预约服务专员。

(3) 在客户预约进店日的前一天准备:车间经理根据运营管理系统或者预约计划表中记录的预约信息,最终确认客户预约进店日的维修准备工作已完成。

7. 确认接待准备

(1) 在客户预约进店日的前三天准备:

① 服务经理查看并且确认运营管理系统或者预约计划表中记录的预约信息;

② 核对预约客户的信息、客户车辆的信息、预约服务的信息。

(2) 在客户预约进店日的前两天准备:

① 查看运营管理系统或者预约计划表中记录的预约信息,确认客户预约进店日的最终预约计划;

② 查看在客户预约进店日中所有服务顾问的出勤计划,指定负责接待预约客户的服务顾问;

③ 查看在客户预约进店日中所涉及的服务接待区的情况;

④ 查看服务防护用品的摆放和储存情况,需要防护的部位包括转向盘、座椅、脚垫、换挡杆、驻车制动器(需要时);

⑤ 查看环车检查单的摆放和存储情况;

⑥ 服务经理将指定的(或者客户在预约时指定的)负责接待预约客户的服务顾问的名单告知预约服务专员。

(3) 在客户预约进店日的前一天准备:

① 准备车辆标识牌(用于明显标识预约进店客户的车辆);

② 准备环车检查单,指定负责接待预约客户的服务顾问提前将预约进店客户的信息记录在环车检查单中;

③ 准备在客户预约进店日使用的预约服务看板,服务经理或者指定的服务顾问将客户的预约信息记录在预约服务看板中;

④ 在服务接待区设置明显的预约服务看板,录入的预约信息必须正确,字体工整,清楚识别;

⑤ 服务经理根据运营管理系统或者预约计划表中记录的预约信息,最终确认客户预约进店日的接待准备工作已完成。

（二）确认客户进店

1. 在客户预约进店日的前一天

（1）服务顾问、服务经理、车间经理、配件经理针对预约信息已经完成了必要的准备工作。

（2）预约服务专员查看并且确认运营管理系统或者预约计划表中记录的预约信息。

（3）预约服务专员按照客户首选的联系方式和联系时间在临近预约客户进店时间的前24小时再次提醒已经记录的预约客户进店。

（4）向预约客户再次核对客户的信息、客户车辆的信息、预约服务的信息（例如服务项目、估算费用、预计时间、需要准备的配件等）。

（5）主动告知预约客户准时进店的必要性和所能得到的便利性（例如及时的接待、快速的维修、减少等候时间等）。

（6）如果预约客户有需要，主动告知负责接待的服务顾问的姓名。

（7）如果预约客户有需要，主动告知负责维修客户车辆的维修技师的姓名。

（8）主动询问客户是否在店内等候，是否需要代步交通工具，向客户提供多项代步交通方案以供选择（例如代步车、租赁车、出租车或者将客户送至最近的公共交通站点）。

（9）提醒客户进店时随身携带必要的文件资料（例如行驶证和保修手册等）。

（10）如果客户的预约信息临时变更，预约服务专员在运营管理系统或者预约计划表中选择其他日期，并且与客户协商确认，将变更后的预约信息或者取消预约的情况传递给相关部门。

2. 在客户预约进店日

（1）预约服务专员按照客户首选的联系方式和联系时间在临近预约客户进店时间的前1小时最终提醒已经记录的预约客户进店。

（2）如果预约客户超出预约进店时间后仍然没有进店，由服务顾问采用电话的方式直接联系预约客户，主动告知预约维修工位将继续保留15分钟，如果超出15分钟，客户车辆可以使用非预约维修工位或者重新选择其他预约时间（客户原预约进店日除外）。

3. 准备迎接客户进店

如果客户的预约信息临时变更，预约服务专员在运营管理系统或者预约计划表中选择其他日期，并且与客户协商确认，将变更后的预约信息或者取消预约的情况传递给相关部门。

四、准备工作的流程

1. 核对信息

得到客户所有要求的概要，当客户来时，能够亲自提出客户的需求。

2. 选择并组合信息

对重要的信息和非重要信息进行区分，将重要的信息汇总（采用一页纸管理模式），对于服务的高质量标准来说，服务内容的组织是作为高效工作流程的保证。

3. 针对预计时间规划资源

提前计划好必要的时间，计划预期的服务活动，确定工作目标，协调工作流程，检查执行情况，这可以向客户表明服务人员能够可靠地管理客户的预约工作。

4. 提交车辆基本特征信息

打印出所有车辆可用的信息并将它添加到客户档案中，这样可以保证所有与服务核心流程相关的员工都能同等地识别确定车辆的专属信息，这些信息也会传递给客户。

5. 备件

检查是否有所需要的更换备件，如果必要，则订购备件并按客户的委托书准备好，如果服务人员不能及时得到所需的更换备件而且也没有检查客户是否可用，那么服务人员正在冒着让客户返修的风险。

6. 维修专家

提前安排所需的汽车维修技工，所以维修技工应该在规定的时间来到客户车辆旁。

7. 车间维修能力

检查是否需要预定特殊的工位，是否准备好并预约了所需的专用工具，这将避免发生维修延时和不得不推迟取车时间的情况。

第四节　接车/制单的礼仪

汽车进入售后服务中心后,客户的接待问诊是与客户直接接触的重要环节,在这个环节里,客户将直接体验到服务质量,并影响客户对汽车4S店服务质量和维修质量的评价,进而影响客户的满意度和忠诚度。因此,高效、快捷、热情、周到地接待客户,专业、快速、准确地诊断故障,合理的维修价格和准确的时间估算,会使客户感觉到服务顾问专业、优质的服务,从而增强客户的信任感。

一、接待的标准流程(见图5-4)

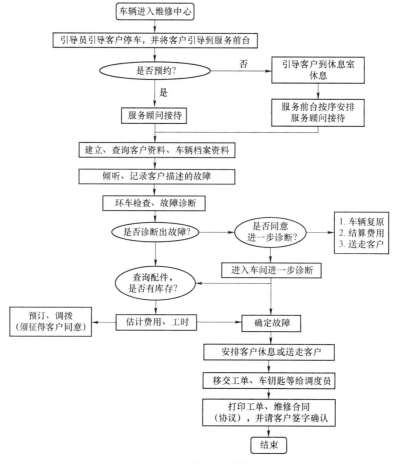

图5-4　接待的标准流程

二、接待的礼仪

（一）车旁接待

1. 迎接客户的礼仪（见图5-5）

（1）售后服务引导员应始终保持正位站姿，衣着干净整齐，精神饱满。

（2）客户车辆进入待检车位时，引导员应主动向客户敬礼或行注目礼表示欢迎，询问客户来店的意图，给予正确的指引，交通不便时，应主动进行疏通，方便客户的车辆进入。

图5-5 迎接客户

（3）服务顾问应在1分钟内接待客户，主动出门迎接，并按照预约的车辆和非预约的车辆类型将客户引导至相应类别业务的服务前台。

（4）服务顾问应主动、礼貌、热情、规范地招呼客户，迎接客户时应该时刻保持站立姿态，身体前倾，注视客户，面带微笑。标准话术为："您好，欢迎光临，很高兴为您服务，我是服务顾问×××，这是我的名片。"主动双手递交名片。

（5）主动寒暄、询问，确认客户的来意，办理何种业务（保养、保修、维修、事故），是否有特殊要求等。

（6）引导车辆停放在预检车位。

2. 环车检查的礼仪（见图5-6）

为了确认客户所委托的维修项目和车辆外观情况，服务顾问应陪同客户共同进行内外观检查，这样不仅可以拉近客户与服务顾问的距离，也展现服务顾问的热忱和细心，而且可以根据环车检查的结果向客户讲解车辆保养知识，建议厂商强制的维修或保养项目，促进维修的开展，增加收益。

（1）对车辆实施环车检查的同时，对客户反映的车辆状况进行初步的检查、诊断、甄别，确定维修作业项目预案，并参考该车维修记录，准确掌握车况，并填入环车检查表，如图5-7所示。

图 5-6 环车检查

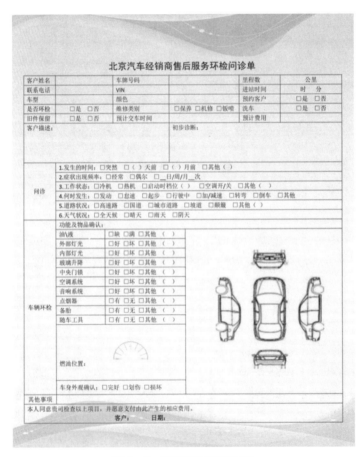

图 5-7 某品牌环车检查单

（2）为维护客户车辆与车内的清洁，必须当着客户的面铺好三件套（包括座椅防尘套、转向盘防尘套和脚踏垫）。

（3）当面确认一些事项：车辆的里程数、油量、车外观损伤情况、内饰及其他车辆委托前的原始状况。

（4）环车检查时，随时向客户提醒保管好贵重物品，确认有无遗留在车上，如有，要当场及时地还给客户并提议寄存保管。

（5）如果车辆因偶发性或故障现象需要较长时间的诊断，应先向客户解释清楚，并妥善地安排客户，同时尽快完成车辆的检查。

（6）碰到疑难杂症，应向上级服务部门申请援助或向有关的技术专家求助。

3. 还车检查注意事项

（1）储物箱、行李箱等是客户的私密空间，需要征得客户的同意后再打开。

（2）若在检查过程中发现其他问题或故障，需要征询客户是否本次实施修理。

（3）环车检查部位及项目如图5-8所示。

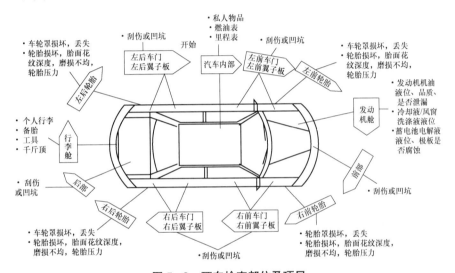

图5-8　环车检查部位及项目

（二）服务接待

服务接待工作主要包括引导客户进店、请客户入座、电脑系统记录客户消费估价、车用产品销售、完工时间预测、客户服务确认等。岗位完成时间约为3～5分钟。

1. 引导客户进店的礼仪（见图5-9）

服务顾问在引导客户时，应站在客户的左前方位置，以标准的笑容和手势引领客户进店。

（1）标准话术：

① ×××女士/先生，请移驾到前台，我马上为您办理手续。

② ×××女士/先生，请到服务大厅，我马上为您进行办理。

③ ×××女士/先生，麻烦您到服务大厅，我给您办理相关手续。

④ ×××女士/先生，请您跟我到服务大厅，办理相关手续。

图 5-9　引导客户进店

（2）动作礼仪：服务顾问需要面对客户，身体略向前倾，面带微笑，五指并拢指引服务前台，侧身走在客户的左前方。

（3）注意事项：

① 服务顾问应注意与客户之间的距离，要保持一臂左右的距离；

② 行走时要与客户进行关怀交流，态度要恭谦。

2. 请客户入座的礼仪（见图 5-10）

服务顾问双手移开座椅，以标准的手势请客户入座，自己则坐在工作台内的座椅上。

（1）标准话术：

① ×××女士/先生，请您坐在这里。

② ×××女士/先生，请坐。

（2）动作礼仪：

① 服务顾问双手拉开椅子，等客户站到椅子前面要帮忙移动座椅，可以用右脚顶着座椅的靠背，防止椅子滑移；

② 服务顾问轻轻地坐在自己的工作位置

图 5-10　引导客户入座

上，坐姿要端正，面向客户，面带微笑。

（3）注意事项：根据汽车 4S 店服务要求，服务人员应事先准备好，保持座椅的整洁。

3. 电脑系统记录礼仪（见图 5-11）

服务顾问要用电脑记录客户的服务信息需求，目光和语言要运用得当，信息要核对。

（1）标准话术：×××女士/先生，今天除定期保养之外，还有什么需要我们做的吗？好的，马上为您安排。

（2）动作礼仪：在电脑录入的过程中，目光要不时地转向客户，一边输入一边读出来信息，这样有利于客户确认自己的信息是否正确。

（3）注意事项：在关注客户的同时，也要征求客户的意见，从而让客户感觉受到重视。

图 5-11　电脑系统记录

4. 客户消费估价礼仪（见图 5-12）

这一过程主要是针对客户的服务项目进行大致的估价，并告知客户。

（1）标准话术：×××女士/先生，您今天的服务维修费用估计为×××元，您是否明白，如果有异议，我可以再解释一遍。

（2）动作礼仪：在告知客户估价时，五指并拢指向所消费的项目和价格的位置，面带微笑，耐心地对客户进行解释。

（3）注意事项：纸质维修委托单与估价单据夹放在夹板上，正面双手递交给客户并逐项确认。如果客户有异议，应该首先自查，无误后对客户进行说明，尽量取得客户的认同。

图 5-12　客户消费估价

5. 车用产品销售礼仪

服务顾问要将客户本次消费用品进行介绍和建议，最后由客户自己进行确定是否购买。

（1）标准话术：

① ×××女士/先生，针对您的爱车，我们店最近推出……，您需要试一试吗？

② ×××女士/先生，我们店最近有一些优惠活动是非常适合您的，比如有……，您需要吗？

（2）动作礼仪：服务顾问应该站在客户能够看清楚的位置上，使用适当的手势，对客户进行产品的介绍和描述。身体正直，面带微笑。

（3）注意事项：

① 如果客户不愿意增添服务项目，不要勉强客户；

② 如果客户有进一步了解的意愿，要给予客户详细的、耐心的讲解。

6. 完工时间预测的礼仪

服务顾问有责任查看车间的"控工板"，确认后，告知客户估计完成的时间。

（1）标准话术：×××女士/先生，您的爱车全部服务完成需要的时间大概是×××分钟，大概在×点×分时可以交付给您，在此期间如果您还有什么遗忘维修的项目，可以随时跟我沟通，在维修中检查出需要增加的维修项目或交车时间上有差异，我会及时通知您的。

（2）动作礼仪：服务顾问要面带微笑，目光要注视着客户，尽量做到专注服务。

（3）注意事项：在估算交车时间时，要有一定的余量，说的时候态度要诚恳亲切，提示客户可能会延时时，要说明这种情况是极少数的。

7. 客户服务确认的礼仪（见图5-13）

维修委托单以及消费估价单请客户确认签字。

图5-13　客户确认签字

（1）标准话术：×××女士/先生，这是维修委托单，如果没有异议，请您在这签字确认。我公司结算方式有刷卡、现金结算，请问您用什么方式结算？好的，我们马上为您的车开始维修，换下的旧件我们给您包装好放在行李厢里，您看如何？

（2）动作礼仪：服务顾问在给客户看单据时，要把单据夹在夹板上，方便操作。双手正面递给客户,并且双手递上签字笔。

(3)注意事项:在指引客户签字时,手要五指并拢,指向客户签字的位置。

8. 安排客户休息或送走客户的礼仪(见图 5-14)

在客户签字之后,如果客户要等待车辆维修完成,要将客户引领到休息区稍候;如果客户以后再来取车,要送客户离开。

(1)标准话术:

① ×××女士/先生,我们已经为您的爱车开始进行维修工作了,请您先到客户休息区休息一下,您这边请。

② ×××女士/先生,您的爱车已经开始进行维修保养工作了,请您明天上午 10 点到店取车,请您慢走。

(2)动作礼仪:服务顾问要面带微笑,欠身并告知客户,以标准的手势指引客户到客户休息区;如果客户要离开,要将客户送至门口,挥手再见,口有敬语。

(3)注意事项:服务顾问要及时告知客户在休息区的相关活动,并安排服务人员给客户上茶水(让客户自己选择),请客户稍作休息,有问题及时与客户进行沟通。

图 5-14 安排客户休息

三、制单的礼仪

(一)维修委托任务书概念

维修委托任务书是客户委托汽车 4S 店进行车辆维修的合同文本,主要内容有客户信息、车辆信息、维修企业信息、维修作业任务信息、附加信息和客户签字。客户信息包括客户姓名和联系方式等,车辆信息包括车牌照号、车型、颜色、底盘号、发动机号、上牌日期、保险公司和保险期限等。所有的内容都需要客户做一个准确的约定,并得到客户的确认。客户签字意味着对维修项目和有关费用、时间的认可。

此任务书一般为三联,其中第一联交付客户,作为客户提车时的凭证,以证明客户曾经将车交付售后服务中心维修,客户结算提车时收回。汽车 4S 店自用的二、三联可分别用于维修车间派工及领取材料凭证。

(二)制单流程及礼仪

1. 引导客户到业务前台

环车检查完成后,带领客户到服务前台。这时注意引导客户,如果有拐弯、楼梯或台阶之类的地方,应该使用不同的手势进行引领,并且口有敬语,比如"小心,前面有台阶""您请这边走"。

2. 制作估价/派工单

将客户所需要的服务维修项目输入电脑，注意目光注视客户，与客户进行交流，让客户感觉到被重视。最后打印出估价/派工单。

3. 核对保养项目

根据客户预约的记录和环车检查单的填写，向客户确认维修服务的项目。这时注意手势的运用，五指并拢指向所说明的位置，面带微笑，语言简练，通俗易懂。

4. 确认保养费用及时间

在向客户传达数据时，要精准、专业，说明维修保养的时间和费用。如果客户有不理解的地方，需要向客户耐心地进行解释，最终客户确认无异议后签字。

在与客户交谈的过程中，语言要得体，眼神要专注，谈话的时间最好控制在 3~5 分钟，主题要围绕车辆本身，从客户的角度出发，充分考虑到对方的感受。

第五节　维修工作的礼仪

维修是服务核心流程的第四步，服务人员需要满足客户对经销商的基本期望，准确、完整地完成维修委托书中指定的所有任务。客户理所应当地会认为有权获得优质的维修服务，客户相信服务人员能提供这种服务，并且要为之付款。

一、维修派工礼仪（见图 5-15）

（1）服务顾问最终确认环车检查单和维修委托书中记录的全部服务信息和客户确认的签字。

（2）服务顾问保持客户车钥匙的清洁，将车钥匙和环车检查单、维修委托书等服务表单放入维修文件袋中。

（3）服务顾问将客户车辆从服务接车区移动至维修车间的待修停车区。

（4）服务顾问将准备好的维修文件袋递交给车间经理或者指定的调度员。

（5）服务顾问根据客户的服务需求，将环车检查单和维修委托书中记录的全部服务信息告知车间经理或者指定的调度员。

（6）车间经理或者指定的调度员需要确认服务信息。

图 5-15　维修派工

（7）车间经理或者指定的调度员依据维修车间的实际工作情况，确认全部服务项目是否可以在已经承诺的预计交车时间之前完工。

（8）如果发现在环车检查单中记录的信息不符合客户车辆的实际情况，必须立即告知服务顾问，由服务顾问将客户车辆的实际情况进行记录并且立即告知客户，征求客户的认可。

（9）如果无法在已经承诺的预计交车时间之前完工，必须立即与服务顾问确定可以承诺的预计交车时间，由服务顾问将变更的预计交车时间立即告知客户，征求客户的认可。

（10）车间经理或者指定的调度员查看并且确认在运营管理系统或者预约计划表中记录的预约信息。

（11）根据进店客户的类型设置车辆标识牌（例如预约、返修等）。

（12）车间经理或者指定的调度员根据已经确认的全部服务信息、维修车间的实际工作情况和出勤的维修技师的技术能力进行维修项目的分派。

（13）通过实时通信设备（对讲机和耳麦等）通知维修技师到待修停车区接收车辆和维修文件袋并且确定维修工位编号。

（14）对于预约进店的客户车辆，通过实时通信设备（对讲机和耳麦等）通知配件部门预约进店的客户车辆已经进入维修车间，并且告知车辆的信息（例如车牌号码、车辆型号等）和已经确定的维修工位编号。

二、维修的准备礼仪

（1）维修技师将客户车辆移动至维修工位，确认维修文件袋中的环车检查单和维修委托书上记录的全部服务信息。

（2）如果发现在环车检查单中记录的信息不符合客户车辆的实际情况，必须立即告知服务顾问，由服务顾问将客户车辆的实际情况进行记录并且立即告知客户，征求客户的认可。

（3）如果无法在已经承诺的预计交车时间之前完工，必须立即与服务顾问确定可以承诺的预计交车时间，由服务顾问将变更的预计交车时间立即告知客户，征求客户的认可。

（4）维修技师在维修委托书中记录维修的实际开始时间。

（5）维修技师根据维修文件袋中的环车检查单和维修委托书上记录的全部服务信息，向配件部门确认所需要的配件的库存情况，办理所需要的配件的出库手续。

（6）对于预约进店的客户车辆，车间经理已经通过实时通信设备（对讲机和耳麦等）通知配件部门预约进店的客户车辆已经进入维修车间，并且告知车辆的信息（例如：车牌号码、车辆型号等）和已经确定的维修工位编号，配件部门应该将已经提前准备的预约进店的客户车辆所需要的配件从预约服务专用的配件区域内直接送至已经确定的维修工位。

（7）由维修技师保管的维修工具应该齐全而且可以正常使用，如果出现遗失或者破损，应该及时申请更新。

（8）维修专用工具（例如制冷剂回收机、抽真空机和充填机等）应该由专人专责保管并且固定在便于取用的位置，设置有效的使用和管理制度。

三、进行维修作业

维修技师根据维修委托书项目进行作业，边维修作业边检查的过程中发现故障隐患并及时报告车间主管，由车间主管或专人与服务顾问联系、沟通，等候增加作业项目是否维修的指令。维修作业流程如图5-16所示。

四、变更服务信息

（1）在车辆的维修过程中，因为特殊原因出现服务信息的变更（例如服务项目的变化、预计交车时间的调整等）时，应该立即通知服务顾问，并且说明服务信息的变更原因和可能涉及的估算费用和预计交车时间的变化，由服务顾问向客户进行说明并且征求客户的同意。

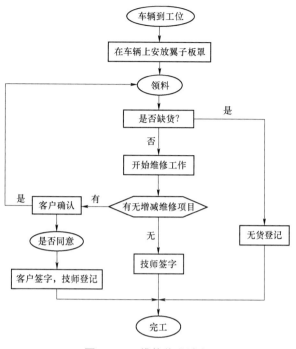

图 5-16 维修作业流程

（2）尽早通知客户关于服务信息的变更，避免在预计交车时间前 30 分钟内再通知客户关于服务信息的变更。

（3）服务顾问确认变更的服务项目、服务费用和预计交车时间等服务信息，利用运营管理系统重新制作变更后的维修委托书或者制作能够确认变更服务信息的表单。

（4）通知在店等候的客户：

① 服务顾问第一时间找到客户，通知在客户休息室或者在其他区域等候的客户；

② 服务顾问向客户说明服务项目、服务费用和预计交车时间等服务信息的变更原因；

③ 服务顾问向客户说明立即维修增加的服务项目对车辆和客户的益处；

④ 服务顾问征求客户的同意或者根据客户的需要安排其他时间再次进店维修；

⑤ 服务顾问向客户说明变更后的维修委托书或者确认变更服务信息的表单中记录的变更的服务信息，并且请客户签字确认；

⑥ 向客户提示本次检查出来的但是未得到客户同意的项目，说明进行相应的维修所带来的益处和暂时不进行维修可能导致的潜在危害，并且请客户签字确认。

（5）通知离店等候的客户：

① 以客户首选的联系方式联系客户（例如短信、移动电话、固定电话、电子邮件、QQ 等）；

② 服务顾问向客户说明服务项目、服务费用和预计交车时间等服务信息的变更原因；

③ 服务顾问向客户说明立即维修增加的服务项目对车辆和客户的益处；

④ 服务顾问征求客户的同意或者根据客户的需要安排其他时间再次进店维修；

⑤ 保存可以表达离店等候的客户对于变更服务信息的意愿的记录（例如短信、通话记录、电子邮件、QQ 记录等）；

⑥ 在客户回店时，服务顾问向客户再次详细说明在变更后的维修委托书或者确认变更服务信息的表单中记录的变更的服务信息，并且请客户补充签字确认；

⑦ 向客户提示本次检查出来但是未得到客户同意的项目，说明相应的维修所带来的益处和暂时不进行维修可能导致的潜在危害，并且请客户签字确认。

第六节 质检/内部交车的礼仪

质检包括对已完成的服务进行检查并反复核对维修委托书,检查所有的车间维修工作是否与厂家的指导文件相符。一旦完成了维修任务,就要进行质检,有意识地为交车做准备,包括检查记录在维修委托书上的维修时间和备件,以便生成一个清晰的、便于用户理解的发票/结算单。

一、质检/内部交车的标准流程(见图 5-17)

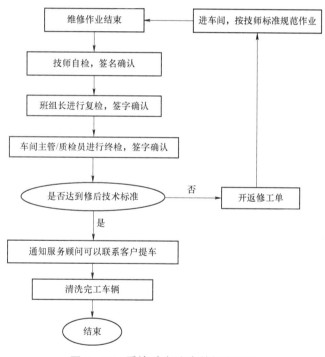

图 5-17 质检/内部交车的标准流程

二、质检/内部交车的礼仪

1. 维修人员的自检(一级质检,见图 5-18)

(1)车辆维修作业完成后,主修技师根据各项委托维修的作业项目作完工检查,并在委托项目栏内打钩或盖章,确认该项目已完成。

(2)自检合格后,维修人员在维修委托单上签字确认,并将维修委托单、更换的配件

图 5-18 维修人员自检

随车移交给组长进行互检，并通知车间主管、质检员该车已进入交车程序。

2. 维修组长互检（二级质检）

（1）按照规定必须对所完成的各个维修项目进行逐项复检确认，核对更换配件清单等，确保做到委托项目无漏项、无错项。

（2）再次确认维修委托单上故障现象的修复，做到维修有记录、检查有结果、调整有数据。

（3）对于安全性能和隐蔽的修理、返修等应重点检验，认真细致，确保一次修复。

（4）检验合格后，在维修委托单上签字，并与车间主管、质检员进行车辆质检交接。

3. 质检人员的终检（三级质检）

（1）依据维修合同上的项目进行逐项验收，核实更换零部件数量，无漏项、错项。

（2）检查轮胎螺母、螺丝的紧固标准力、扭矩，重点检验安全性能和隐蔽的修理、返修等，应认真细致。

（3）有关安全性能的维修项目，车间主管、质检员必须进行路试检测。

（4）若检测不合格项目，车间主管、质检员应开具维修作业内部返修单，交维修组长重新检查和维修，直至符合技术标准。

（5）做好最终检验记录，车间主管、质检员在维修委托单和合同上签字确认。

（6）通知服务顾问车辆维修已完工，交代该车有关事宜（比如已更换的旧件存放的问题）。

（7）终检合格后，终检人员将车移交洗车人员，请洗车人员对车辆进行内、外部清洗（见图 5-19）。

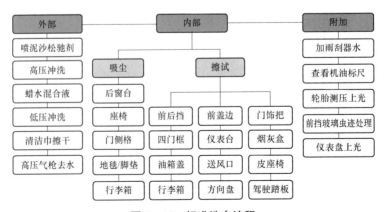

图 5-19 标准洗车流程

（8）洗车完毕后，车间主管检查车况后及时通知服务顾问，将已竣工的车辆移至停放区域并在该车钥匙圈上做好车位标记，将钥匙和行驶证等一起交给服务顾问。

（9）服务顾问进行交车前的检查，检查车辆的内外部清洗情况、车辆外观状况，将下次保养温馨提示贴和车辆在使用过程中的注意事项提醒小贴士贴在指定位置，便于提醒客户。

（10）服务顾问通知客户车辆已检验合格，陪同客户对车辆维修委托项目进行验收，展示作业部分，交换旧件（非客户委托汽车 4S 店处置的旧件），提示车辆保养后使用注意事项。

对于返修车辆，服务顾问、车间主管、质检员应以积极的态度对待，及时安抚客户，将客户的不满情绪及损失降到最低。车间展开对返修项目的复审，搞清原因，及时处理。属于客户操作不熟练原因，由服务顾问负责讲解操作注意事项；确定是修理上的瑕疵，判别属于非人为因素，由原来的技师返修；是人为原因，分配给技能高一些的技师作业，确保一次性修复率。

第七节 交车/结算的礼仪

服务核心流程的第六部分详细说明了向客户交车及结账过程。要在交车时给客户一个详尽的发票/结算单的解释，根据维修的范围及客户的要求来决定这个解释是由服务顾问还是其他专业人员来给出，通过百分之百地遵守商议的安排，给客户灌输信任的感觉并使客户获得积极的服务体验。

一、交车/结算的标准流程（见图 5-20）

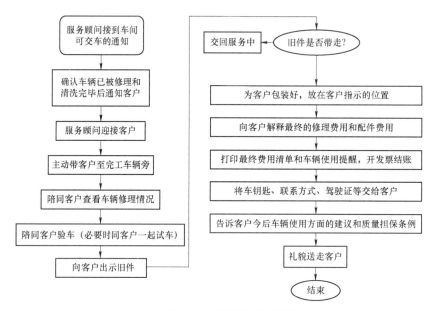

图 5-20 交车/结算的标准流程

二、交车的礼仪

1. 交车检查的礼仪

（1）服务顾问陪同客户检验竣工的车辆，并解释维修项目。语言流利，目光不时地看向客户，面带微笑。

（2）对非索赔件的处理，将旧件当面返还给客户。如果客户不带走，服务顾问放在部门的指定位置。

（3）服务顾问应用通俗易懂的语言向客户解释维修项目内容，回答客户的询问，客户满意后请客户在结算清单上签字确认。

2. 提醒确认的礼仪

（1）向客户建议下次保养的时间及里程数、车辆使用方面的注意事项。

（2）再次向客户确认电话回访的时间和形式，并做好记录。

（3）请客户核对、检查维修车辆，提醒客户拿好车钥匙，保管好相关的单据和证件。核对随车物品，提醒客户不要遗忘在4S店内。最后当着客户的面取下三件套。

三、结算的礼仪

确认无误后，服务顾问将一份服务结算单和一份维修委托书或者其他需要的服务表单装订在一起，邀请并且陪同客户一起前往收银室，陪同客户付款。

（1）服务顾问向收银员介绍客户，收银员主动起立，友好地问候客户。

（2）服务顾问将装订在一起的一份服务结算单和一份维修委托书或者其他需要的服务表单递交给收银员。

（3）服务顾问主动告知收银员关于客户希望采用何种付款方式（例如现金或者信用卡等）。

（4）收银员确认服务结算单中的服务结算信息，并且与客户确认。

（5）收银员主动询问客户对付款发票的需求。

（6）收银员主动提醒客户检查信用卡、付款发票名称、打印金额的正确性。

（7）收银员请客户在与服务结算相关的表单中签字。

（8）收银员将付款发票、装订在一起的一份服务结算单和一份维修委托书或者其他需要的服务表单放入服务结算专用信封中（信封内可以提前装有例如相关车型的使用提示等宣传资料），双手递送给客户。

（9）收银员起立，感谢客户的来访。

四、主动送别客户

（1）服务顾问提醒客户查看并且携带好所有的私人物品，或者协助客户取出寄存在店内的物品。

（2）服务顾问将客户的车钥匙交给客户。

（3）如果客户离店时需要出示出门凭证，服务顾问在处理结算表单时制作车辆的出门凭证，和车钥匙一起交给客户。

（4）服务顾问再次陪伴客户来到服务交车区的客户车辆旁边。

（5）服务顾问主动为客户打开车门，并且以手遮护客户的头部，请客户上车。

（6）服务顾问提醒客户确认座椅和后视镜的位置是否合适。

（7）对于预约进店的客户，感谢客户选择预约的方式进店，希望客户下次进店继续选择预约的方式。

（8）对于非预约进店的客户，主动向客户宣传预约服务，详细说明预约服务的好处（例如及时的接待、快速的维修、减少等候时间等），向客户介绍预约的具体方法，劝诱客户下次进店选择预约的方式。

（9）服务顾问感谢客户的光临，提示客户注意驾驶安全，为客户关闭车门。

（10）服务顾问向客户挥手道别。

（11）如果客户离店时需要出示出门凭证，相关引导人员请客户提供出门凭证并且表示感谢，主动引导客户离店。

第八节 回访的礼仪

通过跟踪维修服务并通过电话回访客户,使提供的服务更加完美,这是一个表明服务人员重视客户并重视服务人员对服务的承诺的好机会。电话回访对于服务是一个很好的营销工具,这是服务人员一个很好的从客户得到关于服务质量的反馈机会,管理队伍及其余员工能够利用这个信息识别出改进的潜力。

一、回访之前的准备工作

1. 确定回访信息

(1)服务顾问在客户离店后,最终确认运营管理系统中的全部服务信息,核对环车检查单、维修委托书、配件出库单、质量检验单、服务结算单等全部服务表单中的服务信息,并且将这些服务表单装订在一起,妥善保存。

(2)分类整理已经完工离店的客户车辆的全部服务表单(包括已经付款和没有付款)。

(3)回访专员每日从运营管理系统中确认当天需要感谢和回访的目标客户(在客户离店72小时之内进行回访)的名单,制订回访计划,并且取出需要感谢和回访的目标客户在进店时的全部原始服务表单。

(4)确定回访进店客户的内容,设计服务满意度调查表。

2. 确定回访的客户

(1)确认客户信息:

① 车辆所有者:名称或者姓名、邮寄地址、邮政编码、联系电话、证件号码等必要信息;

② 送修客户:姓名、邮寄地址、邮政编码、联系电话、证件号码等必要信息。

(2)确认车辆信息:车牌号码、车辆识别码、发动机号码、质量保证期、车辆型号、车身颜色等必要信息。

(3)确认服务履历:

① 上次进店维修时的进店类型(预约进店或者非预约进店);

② 上次进店维修时的行驶里程;

③ 上次进店维修时的服务项目;

④ 上次进店维修时的服务费用;

⑤ 上次进店维修时建议的但是没有进行的项目。

(4)客户投诉的记录。

(5) 了解客户首选的联系方式（例如电话、短信、电子邮件、信件、QQ 等）。
(6) 按照客户首选的联系方式和联系时间回访客户。

二、回访的标准流程（见图 5-21）

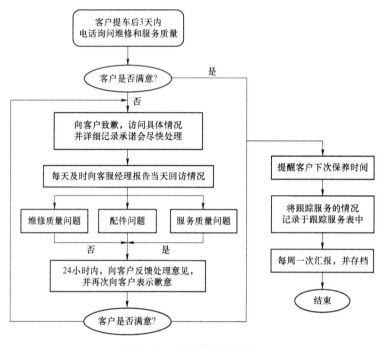

图 5-21　回访的标准流程

三、回访遇到问题的处理程序

(1) 向客户致歉，安抚客户的情绪，并承诺 1~2 工作日将处理意见反馈给客户（经各级领导审阅、批示）。

(2) 客服经理和售后经理是处理抱怨第一责任人，负责制定处理意见及内部改进措施，并详细记录、及时跟踪处理抱怨。

(3) 次日再次致电客户，再次致歉，并向客户反馈处理意见及结果。

(4) 若客户对处理意见不满意，应上门听取意见，了解原因，提出可行性处置建议。

(5) 对于重大抱怨的客户，当日由服务经理、客服经理一起出面解决，并将处理意见报告给总经理，商量决定后反馈给客户。

(6) 在电脑系统中和客户档案备注中标记为重点客户，提醒应对。

四、客服回访专员应注意的问题

(1) 首先要调整好情绪，声音听上去应该尽可能友好、自然，以便能很快取得客户的信任，客户便能和你坦率地说话。

（2）客户一般不会觉得自己的车有什么大问题，因此应使用推荐介绍，进行正面引导、提醒，让他们感受到车的良好性能。

（3）要给那些没有准备的客户时间，以便他们能记起细节。说话不应太快，不应给客户留下"你正匆匆忙忙"的印象。

（4）一定要让客户把要说的话说完，不要打断他。对他说的话做简要而清楚的记录。不说批评的话语，对客户的评述与表扬也做记录。

（5）如果客户抱怨的话，不要找借口，只需对客户说你已经记下了他的话。

（6）客户的问题解决后要在第一时间里及时回访客户，告知处理结果，表视对问题的重视。

（7）回访人员的培训也是十分重要的，要了解相关的专业知识。

（8）提高对突发事件的处理能力，每天回访时会有不同的客户，良好的心理素质、应变能力是十分重要的。

五、客户回访的电话礼仪（见图5-22）

图5-22 客户回访

运用电话礼仪的要领是：调整好工作状态，中等语速，温馨言语，时间掌握在3～5分钟。打电话的流程如表5-1所示。

表5-1 打电话的流程

步骤	要点	说明
准备资料	1. 准备好有关资料、记录本、笔等； 2. 事先将要说明的事情整理好； 3. 安排好说明内容的顺序	当对方提问以后去找资料会显得不礼貌，而且事情也谈不好，可能使用到的资料应事先准备好
确认姓名与号码	1. 确认客户的姓名与号码； 2. 确认约好的时间、地点； 3. 考虑对方的方便	打电话之前要考虑到对方的处境，尤其是清晨、深夜、吃饭等时间要避开

续表

步骤	要点	说明
拨号	1. 脸朝正面，端正姿势； 2. 用食指认真地按电话键	1. 用铅笔按键、斜着按键往往会打错电话； 2. 万一拨错了电话要说"对不起，打错电话了"，然后再挂掉； 3. 考虑周围的环境
报姓名/寒暄	先报公司名称，再报自己姓名	报公司名称时要有精神
确认对方	1. 确认对方是不是你要联络的对象； 2. 询问对方是否方便	1. 请问让您是××先生/女士吗？ 2. 如果对方正忙或表现出不方便时，应理解并歉意，改日联络
内容叙述	1. 礼貌地寒暄； 2. 内容要讲清楚； 3. 表达要让对方容易理解； 4. 要点要重点强调	话不要说太多，抓住要点，简单明了
再确认	讲完后确认对方是否明白了	需耐心认真重复，直到对方明白为止
结束	1. 结束时向对方诚挚地道谢； 2. 等对方挂电话后再挂电话； 3. 用简单的语言对你给对方的打扰表示歉意	电话结束后不要马上挂掉，这样会使人觉得你没有礼貌和修养

参 考 文 献

[1] 石虹．汽车销售礼仪［M］．北京：北京理工大学出版社，2013．
[2] 张志．汽车服务礼仪［M］．上海：上海交通大学出版社，2016．
[3] 李继斌．汽车服务与礼仪［M］．上海：复旦大学出版社，2013．
[4] 吴晓斌．汽车营销礼仪［M］．北京：人民交通出版社，2015．
[5] 吴敬静．汽车售后服务与管理［M］．北京：机械工业出版社，2015．
[6] 金正昆．商务礼仪［M］．北京：北京大学出版社，2005．
[7] 金正昆．礼仪金说Ⅳ：金正昆教你学礼仪［M］．西安：陕西师范大学出版社，2008．
[8] 黄琳．商务礼仪［M］．北京：机械工业出版社，2007．
[9] 张晓梅．晓梅说礼仪［M］．北京：中国青年出版社，2008．
[10] 徐克茹．商务礼仪标准培训．［M］．北京：中国纺织出版社，2008．

汽车销售与服务礼仪
实训与评价手册

姓名：_____
班级：_____
学号：_____

北京理工大学出版社
BEIJING INSTITUTE OF TECHNOLOGY PRESS

表1 仪容、仪表礼仪实训任务单

任务名称	仪容、仪表礼仪实训（男生版）	班级		教师评阅	
		姓名			
背景知识考核	1. 男士的仪容有哪些要求？				
	2. 男士穿西装有哪些要求？				
	3. 领带的系法有几种？如何打领带？				
自我学习评价	□优　　□良　　□中　　□及格　　□不及格				

表2　仪容、仪表礼仪实训任务单

任务名称	仪容、仪表礼仪实训（女生/（男生）	班级		教师评阅	
		姓名			
背景知识考核	1. 女士/男生的仪容有哪些要求？				
	2. 化淡妆的要领是什么？男士如何打领带？				
	3. 女士/男士着装有哪些要求？				
自我学习评价	□优　　□良　　□中　　□及格　　□不及格				

表3 着装礼仪（男生）实训评分表

序号	项目	评分标准	分值	得分
1	上衣	衣长刚好到臀部下缘或差不多到手自然下垂后的大拇指尖端的位置；袖长到手掌虎口处	5分	
		肩宽以探出肩角2厘米左右为宜	5分	
		胸围以扣上纽扣后，衣服与腹间可以容下一个拳头大小为宜	5分	
2	西裤	裤脚前面盖住鞋面中央，后至鞋跟中央	5分	
		西裤裤线清晰笔直	5分	
3	衬衫	单色最佳	5分	
		衬衫领子挺括；衬衫下摆塞在裤腰内，扣好领扣和袖扣	5分	
		衬衫领口和袖口要长于西装上装领口和袖口1~2厘米	5分	
4	领带	图案以几何图案或纯色为主	5分	
		领结饱满，与衬衫领口吻合	5分	
		领带系好后大尖端垂到皮带扣处	5分	
5	腰带	黑色或深色，牛皮材质	5分	
		皮带扣大小合适，样式和图案简单大方	5分	
6	皮鞋	深色皮鞋	5分	
		造型简单规整，鞋面光滑亮泽	5分	
7	袜子	深色袜子	5分	
		袜口以坐下跷起腿后不露出皮肤为宜	5分	
8	饰品	除手表外最好不佩戴其他饰品	5分	
		手表佩戴在左手腕上	5分	
		工号牌佩戴在左胸前正上方，如果是吊牌可直接挂在脖子上	5分	
9	合计		100分	
10	综合评语			

表4 着装礼仪（女生）实训评分表

序号	项目	评分标准	分值	得分
1	上衣	平整挺括、合身得体	5分	
		使用较少饰物和花边进行点缀	5分	
		纽扣全部扣上	5分	
2	裙子/裤子	窄裙，裙子下摆过膝盖以下3~6厘米	10分	
		西裤裤线清晰笔直，裤脚前面盖住鞋面中央，后至鞋跟中央		
3	衬衫	单色最佳	5分	
		衬衫下摆掖入裙腰或裤腰内	5分	
		衬衫的纽扣除了最上面的一粒不扣上，其余纽扣全部扣好	5分	
4	丝巾	整洁挺括，造型优美	5分	
5	皮鞋	鞋子颜色与衣服搭配，黑色最佳	5分	
		款式简洁，浅口造型	5分	
		不露脚趾	5分	
		粗鞋跟，高跟鞋或中跟鞋，高度5厘米以下	5分	
6	袜子	袜子颜色与衣服搭配，肉色最佳	5分	
		袜式简单，不能选择鲜艳、带有网格或有明显花纹的丝袜	5分	
		着裙装应穿高筒袜或连裤袜	5分	
		袜口不露在裙子或裤子外边	5分	
7	饰品	除手表外最好不佩戴其他饰品	5分	
		手表佩戴在左手腕上	5分	
		工号牌佩戴在左胸前正上方，如果是吊牌可直接挂在脖子上	5分	
8	合计		100分	
9	综合评语			

表5 仪态礼仪实训任务单

任务名称	仪态礼仪实训	班级		教师评阅	
		姓名			
背景知识考核	1. 仪态应当包括哪些？				
	2. 请说明站姿的种类及要领。				
	3. 请说明坐姿的种类及常用坐姿的要领。				
自我学习评价	□优　　□良　　□中　　□及格　　□不及格				

表6　仪态礼仪实训任务单

任务名称	仪态礼仪实训	班级		教师评阅	
		姓名			
背景知识考核	1. 请说明行姿的要领。 2. 请说明蹲姿的要领。				
自我学习评价	□优　　□良　　□中　　□及格　　□不及格				

表7 仪态礼仪实训任务单

任务名称	仪态礼仪实训	班级		教师评阅	
		姓名			
背景知识考核	1. 请说明鞠躬的要领。 2. 请说明微笑的要领。				
自我学习评价	□优　　□良　　□中　　□及格　　□不及格				

表8 仪态礼仪实训任务单

任务名称	仪态礼仪实训	班级		教师评阅	
		姓名			
背景知识考核	1. 说明握手的要领。 2. 说明递送名片的要领。				
自我学习评价	□优　　□良　　□中　　□及格　　□不及格				

表9　仪态礼仪实训任务单

任务名称	仪态礼仪实训	班级		教师评阅	
		姓名			
背景知识考核	1. 手势有几种？分别在什么情况下采用？ 2. 请说明各种手势的基本要领。 				
自我学习评价	□优　　□良　　□中　　□及格　　□不及格				

表 10　汽车销售与服务人员展厅接待礼仪实训实施方案表

课程类型	汽车销售与服务人员展厅接待礼仪实训	学时	2
实训目标	1. 知识目标 （1）掌握展厅接待的礼仪； （2）了解展厅接待的目的。 2. 能力目标 （1）通过实训掌握展厅接待的礼仪； （2）了解展厅接待的目的及重要性。 3. 素质目标 掌握汽车销售流程中的展厅接待礼仪，培养汽车销售与服务人员对展厅接待重要性的认知		
实训进程安排	一次课两学时，一次课完成		
实训者分析	学习者已具备的知识与能力： 　目前学生们已经系统地学习了展厅接待礼仪的内容，并对基本理论掌握较为清楚，但是实践能力不足，需要通过实训课程来掌握		
	学习者可能发生的学习困难： 　在实训过程中，学生会遇到很多突发情况，需要做好应急处理，锻炼自身的能力		
实训环境及媒体选择	汽服实训室、多媒体设备配合演练		
教学方法	讲练结合，主要以学生练习为主，教师点评为辅		
实训活动形式	小组情景模拟的形式练习		
实训效果评价方式	小组点评与教师评价相结合的方式		

表11 汽车销售与服务人员展厅接待礼仪实训任务单

任务名称	汽车销售与服务人员展厅接待礼仪实训	班级		教师评阅	
		姓名			
任务描述	一对年轻的夫妇到展厅看车,销售顾问上前接待他们				
组织与实训步骤	第一步：分组,每3个人一组,分配角色； 第二步：在布置好的场景内进行练习（最好为汽服实训室）； 第三步：分析问题,提出改善意见； 第四步：挑选出典型示范展示				
学生实训后反思与改善	小组互评： 优点： 不足： 改善点：				
自我学习评价	□优　　□良　　□中　　□及格　　□不及格				

表 12 汽车销售与服务人员需求分析礼仪实训实施方案

课程类型	汽车销售与服务人员展厅接待礼仪实训	学时	2
实训目标	1. 知识目标 （1）掌握需求分析的礼仪； （2）了解需求分析的目的。 2. 能力目标 （1）通过实训掌握需求分析的礼仪； （2）了解需求分析的目的及重要性。 3. 素质目标 掌握汽车销售流程中的需求分析礼仪，培养汽车销售与服务人员对需求分析重要性的认知		
实训进程安排	一次课两学时，一次课完成		
实训者分析	学习者已具备的知识与能力分析： 　目前学生们已经系统地学习了需求分析礼仪的内容，并对基本理论掌握较为清楚，但是实践能力不足，需要通过实训课程来掌握		
	学习者可能发生的学习困难： 　在实训过程中，学生会遇到很多突发情况，需要做好应急处理，锻炼自身的能力		
实训环境及媒体选择	汽服实训室、多媒体设备配合演练		
教学方法	讲练结合，主要以学生练习为主，教师点评为辅		
实训活动形式	小组情景模拟的形式练习		
实训效果评价方式	小组点评与教师评价相结合的方式		

表13 汽车销售与服务人员需求分析礼仪实训任务单

任务名称	汽车销售与服务人员需求分析礼仪实训	班级		教师评阅	
		姓名			
背景知识考核	1. 需求分析的目的是什么？ 2. 说明需求分析的方法及礼仪。				
自我学习评价	□优　　□良　　□中　　□及格　　□不及格				

表 14 汽车销售与服务人员需求分析礼仪实训任务单

任务名称	汽车销售与服务人员需求分析礼仪实训	班级		教师评阅	
		姓名			
任务描述	一对年轻的夫妇到展厅看车，销售顾问上前接待他们，并对他们进行需求分析（内容自拟）				
组织与实训步骤	第一步：分组，每3个人一组，分配角色； 第二步：在布置好的场景内进行练习（最好为汽服实训室）； 第三步：分析问题，提出改善意见； 第四步：挑选出典型示范展示				
学生实训后反思与改善	小组互评： 优点： 不足： 改善点：				
自我学习评价	□优　　　□良　　　□中　　　□及格　　　□不及格				

表 15 汽车销售与服务人员产品展示礼仪实训实施方案

课程类型	汽车销售与服务人员产品展示礼仪实训	学时	4
实训目标	1. 知识目标 （1）掌握产品展示的礼仪； （2）了解产品展示的目的。 2. 能力目标 （1）通过实训掌握产品展示的礼仪； （2）了解产品展示的目的及重要性。 3. 素质目标 掌握汽车销售流程中的产品展示礼仪，培养汽车销售与服务人员对产品展示重要性的认知		
实训进程安排	一次课两学时，两次课完成		
实训者分析	学习者已具备的知识与能力： 目前学生们已经系统地学习了产品展示礼仪的内容，并对基本理论掌握较为清楚，但是实践能力不足，需要通过实训课程来掌握		
	学习者可能发生的学习困难： 在实训过程中，学生会遇到很多突发情况，需要做好应急处理，锻炼自身的能力		
实训环境及媒体选择	汽服实训室、多媒体设备配合演练		
教学方法	讲练结合，主要以学生练习为主，教师点评为辅		
实训活动形式	小组情景模拟的形式练习		
实训效果评价方式	小组点评与教师评价相结合的方式		

表 16　汽车销售与服务人员产品展示礼仪实训任务单

任务名称	汽车销售与服务人员产品展示礼仪实训	班级		教师评阅	
		姓名			
背景知识考核	1. 产品展示的目的是什么？ 2. 说明产品展示的方法及礼仪。				
自我学习评价	□优　　□良　　□中　　□及格　　□不及格				

表17 汽车销售与服务人员产品展示礼仪实训任务单

任务名称	汽车销售与服务人员产品展示礼仪实训	班级		教师评阅	
		姓名			
任务描述	一对年轻的夫妇到展厅看车,销售顾问上前接待他们,并对他们进行车辆的展示(内容自拟)				
组织与实训步骤	第一步:分组,每3个人一组,分配角色; 第二步:在布置好的场景内进行练习(最好为汽服实训室); 第三步:分析问题,提出改善意见; 第四步:挑选出典型示范展示				
学生实训后反思与改善	小组互评: 优点: 不足: 改善点:				
自我学习评价	□优　　□良　　□中　　□及格　　□不及格				

表 18 客户试乘

引导、操作	话术
请客户入前排乘客座：替客户开、关车门，防止客户头部碰到车门等	座椅需要调整吗？电动调节开关就在您的右手边，您可随时调整令自己舒适、满意的位置……
介绍仪表盘，演示车内部的可操作的各项配置，空调、CD、导航、FM、倒车影像、报警提示等； 注意手势的使用、微笑、及时的询问	1. 这是车速表、转速表、油表…… 2. 空调带有空气过滤器，您要开冷气先得把AC开关按下去…… 3. 在配备高品质CD唱片机的基础上又增添了MP3接口…… 4. 当车门未关严的时候，会有报警提醒
让客户感受宽敞的内部空间	它的内部空间很宽敞，腿部空间足，特别是头部空间，很高很宽敞
开始试乘	请您系好安全带，我们要开始试乘了 这个速度可以吗？如果有什么要求您及时告诉我

表 19 客户试驾

引导、操作	话术
告诉接下来开始试驾，销售顾问熄火、拔下钥匙	李先生，接下来是您的试驾时间，稍等我来为您开车门
销售顾问下车，从车前走到副驾驶，打开车门，请客户下车。关好车门，将客户引领到驾驶室，为客户开门，将车钥匙交给客户，关好车门。自己回到副驾驶位置（注意开关车门的礼仪要求、手势的指示、观察路面的安全情况）	李先生，您这边请！请上车！这是车钥匙，您拿好！
客户试驾前，提示客户系好安全带，调整座椅、靠背； 重复确认试驾路线，确认与安全操作相关的问题	1. 您先调整一下座椅的位置，让您可以舒服地驾驶； 2. 李先生，请您系好安全带！ 3. 我们的试驾路线是从……到……您对这段路还熟悉吗？ 4. 您可以先感受一下刹车和油门的位置，以保证您的驾驶安全
客户开始试驾	李先生，您可以开始试驾了

表 20　汽车销售与服务人员试乘试驾礼仪实训实施方案

课程类型	汽车销售与服务人员试乘试驾礼仪实训	学时	4
实训目标	1. 知识目标 （1）掌握试乘试驾的礼仪； （2）了解试乘试驾的目的。 2. 能力目标 （1）通过实训掌握试乘试驾的礼仪； （2）了解试乘试驾的目的及重要性。 3. 素质目标 掌握汽车销售流程中的试乘试驾礼仪，培养汽车销售与服务人员对试乘试驾重要性的认知		
实训进程安排	一次课两学时，两次课完成		
实训者分析	学习者已具备的知识与能力： 目前学生们已经系统地学习了试乘试驾礼仪的内容，并对基本理论掌握较为清楚，但是实践能力不足，需要通过实训课程来掌握		
	学习者可能发生的学习困难： 在实训过程中，学生会遇到很多突发情况，需要做好应急处理，锻炼自身的能力		
实训环境及媒体选择	汽服实训室、多媒体设备配合演练		
教学方法	讲练结合，主要以学生练习为主，教师点评为辅		
实训活动形式	小组情景模拟的形式练习		
实训效果评价方式	小组点评与教师评价相结合的方式		

表 21 汽车销售与服务人员试乘试驾礼仪实训任务单

任务名称	汽车销售与服务人员试乘试驾礼仪实训	班级		教师评阅	
		姓名			
背景知识考核	1. 试乘试驾的目的是什么？ 2. 说明试乘试驾的流程及礼仪。				
自我学习评价	□优　　□良　　□中　　□及格　　□不及格				

表22 汽车销售与服务人员试乘试驾礼仪实训任务单

任务名称	汽车销售与服务人员试乘试驾礼仪实训	班级		教师评阅	
		姓名			
任务描述	模拟： 王先生/王小姐试乘试驾后，引导其回到展厅，填写试乘试驾满意度调查表（表格事先准备好）				
组织与实训步骤	第一步：分组，每2个人一组，分配角色； 第二步：在布置好的场景内进行练习（最好为汽服实训室）； 第三步：分析问题，提出改善意见； 第四步：挑选出典型示范展示				
学生实训后反思与改善	小组互评： 优点： 不足： 改善点：				
自我学习评价	□优　　□良　　□中　　□及格　　□不及格				

表 23 汽车销售与服务人员异议处理礼仪实训实施方案

课程类型	汽车销售与服务人员异议处理礼仪实训	学时	2
实训目标	1. 知识目标 （1）掌握异议处理的原则和方法； （2）了解异议处理的礼仪。 2. 能力目标 （1）通过实训掌握异议处理的方法； （2）了解异议处理的目的及重要性。 3. 素质目标 掌握汽车销售流程中的异议处理礼仪，培养汽车销售与服务人员对异议处理重要性的认知		
实训进程安排	一次课两学时，一次课完成		
实训者分析	学习者已具备的知识与能力： 目前学生们已经系统地学习了异议处理礼仪的内容，并对基本理论掌握较为清楚，但是实践能力不足，需要通过实训课程来掌握		
	学习者可能发生的学习困难： 在实训过程中，学生会遇到很多突发情况，需要做好应急处理，锻炼自身的能力		
实训环境及媒体选择	汽服实训室、多媒体设备配合演练		
教学方法	讲练结合，主要以学生练习为主，教师点评为辅		
实训活动形式	小组情景分析的形式练习		
实训效果评价方式	小组点评与教师评价相结合的方式		

表 24 汽车销售与服务人员异议处理礼仪实训任务单

任务名称	汽车销售与服务人员异议处理礼仪实训	班级		教师评阅	
		姓名			
背景知识考核	1. 说明异议处理的原则。 2. 说明异议处理的方法和礼仪。				
自我学习评价	□优	□良	□中	□及格	□不及格

表 25 汽车销售与服务人员异议处理礼仪实训任务单

任务名称	汽车销售与服务人员异议处理礼仪实训	班级		教师评阅	
		姓名			
任务描述	每个小组编写一篇与客户讲价有关的情景剧，内容自拟，要求不超过 5 分钟，内容具有逻辑性				
组织与实训步骤	第一步：分组，每 2 个人一组，分配角色； 第二步：在布置好的场景内进行练习（最好为汽服实训室）； 第三步：分析问题，提出改善意见； 第四步：挑选出典型示范展示				
学生实训后反思与改善	小组互评： 优点： 不足： 改善点：				
自我学习评价	□优　　□良　　□中　　□及格　　□不及格				

表26 汽车销售与服务人员报价签约礼仪实训实施方案

课程类型	汽车销售与服务人员报价签约礼仪实训	学时	2
实训目标	1. 知识目标 （1）掌握报价签约的礼仪； （2）了解报价签约的目的。 2. 能力目标 （1）通过实训掌握报价签约的礼仪； （2）了解报价签约的目的及重要性。 3. 素质目标 掌握汽车销售流程中的报价签约礼仪，培养汽车销售与服务人员对报价签约重要性的认知		
实训进程安排	一次课两学时，一次课完成		
实训者分析	学习者已具备的知识与能力： 目前学生们已经系统地学习了报价签约礼仪的内容，并对基本理论掌握较为清楚，但是实践能力不足，需要通过实训课程来掌握		
	学习者可能发生的学习困难： 在实训过程中，学生会遇到很多突发情况，需要做好应急处理，锻炼自身的能力		
实训环境及媒体选择	汽服实训室、多媒体设备配合演练		
教学方法	讲练结合，主要以学生练习为主，教师点评为辅		
实训活动形式	小组情景模拟的形式练习		
实训效果评价方式	小组点评与教师评价相结合的方式		

表27 汽车销售与服务人员报价签约礼仪实训任务单

任务名称		汽车销售与服务人员报价签约礼仪实训	班级		教师评阅	
			姓名			
背景知识考核		1. 报价签约的目的是什么？ 2. 说明报价签约的礼仪。				
自我学习评价		□优　　□良　　□中　　□及格　　□不及格				

表 28 汽车销售与服务人员报价签约礼仪实训任务单

任务名称	汽车销售与服务人员报价签约礼仪实训	班级		教师评阅	
		姓名			
任务描述	模拟： 王先生/王小姐在报价协商后，决定购买车辆，销售顾问与他/她进行签约购车（表格事先准备好）				
组织与实训步骤	第一步：分组，每 2 个人一组，分配角色； 第二步：在布置好的场景内进行练习（最好为汽服实训室）； 第三步：分析问题，提出改善意见； 第四步：挑选出典型示范展示				
学生实训后反思与改善	小组互评： 优点： 不足： 改善点：				
自我学习评价	□优　　□良　　□中　　□及格　　□不及格				

表 29　汽车销售与服务人员新车交付礼仪实训实施方案

课程类型	汽车销售与服务人员新车交付礼仪实训	学时	4
实训目标	1. 知识目标 （1）掌握新车交付的礼仪； （2）了解新车交付的目的。 2. 能力目标 （1）通过实训掌握新车交付的礼仪； （2）了解新车交付的目的及重要性。 3. 素质目标 掌握汽车销售流程中的新车交付礼仪，培养汽车销售与服务人员对新车交付重要性的认知		
实训进程安排	一次课两学时，两次课完成		
实训者分析	学习者已具备的知识与能力： 　目前学生们已经系统地学习了新车交付礼仪的内容，并对基本理论掌握较为清楚，但是实践能力不足，需要通过实训课程来掌握		
	学习者可能发生的学习困难： 　在实训过程中，学生会遇到很多突发情况，需要做好应急处理，锻炼自身的能力		
实训环境及媒体选择	汽服实训室、多媒体设备配合演练		
教学方法	讲练结合，主要以学生练习为主，教师点评为辅		
实训活动形式	小组情景模拟的形式练习		
实训效果评价方式	小组点评与教师评价相结合的方式		

表30 汽车销售与服务人员新车交付礼仪实训任务单

任务名称	汽车销售与服务人员新车交付礼仪实训	班级		教师评阅	
		姓名			
背景知识考核	1. 新车交付的目的是什么？ 2. 说明新车交付的礼仪。				
自我学习评价	□优　　□良　　□中　　□及格　　□不及格				

表31 汽车销售与服务人员新车交付礼仪实训任务单

任务名称	汽车销售与服务人员新车交付礼仪实训	班级		教师评阅	
		姓名			
任务描述	销售顾问小刘电话预约张先生本周日上午9点来店交车 （表格事先准备好）				
组织与 实训步骤	第一步：分组，每2个人一组，分配角色； 第二步：在布置好的场景内进行练习（最好为汽服实训室）； 第三步：分析问题，提出改善意见； 第四步：挑选出典型示范展示				
学生实训后 反思与改善	小组互评： 优点： 不足： 改善点：				
自我学习 评价	□优　　□良　　□中　　□及格　　□不及格				

表 32 汽车销售与服务人员售后跟踪礼仪实训实施方案

课程类型	汽车销售与服务人员售后跟踪礼仪实训	学时	2
实训目标	1. 知识目标 （1）掌握售后跟踪的礼仪； （2）了解售后跟踪的目的。 2. 能力目标 （1）通过实训掌握售后跟踪的礼仪； （2）了解售后跟踪的目的及重要性。 3. 素质目标 掌握汽车销售流程中的售后跟踪礼仪，培养汽车销售与服务人员对售后跟踪重要性的认知		
实训进程安排	一次课两学时，一次课完成		
实训者分析	学习者已具备的知识与能力： 目前学生们已经系统地学习了售后跟踪礼仪的内容，并对基本理论掌握较为清楚，但是实践能力不足，需要通过实训课程来掌握		
	学习者可能发生的学习困难： 在实训过程中，学生会遇到很多突发情况，需要做好应急处理，锻炼自身的能力		
实训环境及媒体选择	汽服实训室、多媒体设备配合演练		
教学方法	讲练结合，主要以学生练习为主，教师点评为辅		
实训活动形式	小组情景模拟的形式练习		
实训效果评价方式	小组点评与教师评价相结合的方式		

表33 汽车销售与服务人员售后跟踪礼仪实训任务单

任务名称	汽车销售与服务人员售后跟踪礼仪实训	班级		教师评阅	
		姓名			
背景知识考核	1. 售后跟踪的目的是什么？ 2. 说明售后跟踪的礼仪。				
自我学习评价	□优　　□良　　□中　　□及格　　□不及格				

表34 汽车销售与服务人员售后跟踪礼仪实训任务单

任务名称	汽车销售与服务人员售后跟踪礼仪实训	班级		教师评阅	
		姓名			
任务描述	客户张先生刚刚把新车提走回家，销售顾问小刘打电话回访				
组织与实训步骤	第一步：分组，每2个人一组，分配角色； 第二步：在布置好的场景内进行练习（最好为汽服实训室）； 第三步：分析问题，提出改善意见； 第四步：挑选出典型示范展示				
学生实训后反思与改善	小组互评： 优点： 不足： 改善点：				
自我学习评价	□优 □良 □中 □及格 □不及格				

表 35 汽车售后服务实训实施方案

课程类型	汽车售后服务实训	学时	2
实训目标	1. 知识目标 （1）掌握汽车售后服务概念； （2）掌握汽车售后服务流程； （3）了解汽车销售与服务顾问职责。 2. 能力目标 （1）通过实训了解汽车售后服务流程； （2）了解汽车售后服务岗位的重要性。 3. 素质目标 掌握汽车售后服务流程，培养汽车销售与服务人员对汽车售后服务重要性的认知		
实训进程安排	一次课两学时，一次课完成		
实训者分析	学习者已具备的知识与能力： 　目前学生们已经系统地学习了汽车售后服务的相关内容，并对基本理论掌握较为清楚，但是实践能力不足，需要通过实训课程来掌握		
	学习者可能发生的学习困难： 　在实训过程中，学生会遇到很多突发情况，需要做好应急处理，锻炼自身的能力		
实训环境及媒体选择	多媒体设备配合演练		
教学方法	讲练结合，主要以学生练习为主，教师点评为辅		
实训活动形式	小组演讲的形式练习		
实训效果评价方式	小组点评与教师评价相结合的方式		

表36 汽车售后服务实训任务单

任务名称	汽车售后服务实训	班级		教师评阅	
		姓名			
背景知识考核	1. 说明汽车售后服务的概念。 2. 说明汽车售后服务的流程有哪些。				
自我学习评价	□优　　□良　　□中　　□及格　　□不及格				

表37 汽车售后服务实训任务单

任务名称	汽车售后服务实训	班级		教师评阅	
		姓名			
任务描述	按小组到汽车4S店售后部门进行参观学习，回来后将自己的所见、所闻以及感受制作成PPT的形式进行演讲（时间控制在5分钟以内）				
组织与实训步骤	第一步：分组，每3个人一组，分配角色； 第二步：在布置好的场景内进行练习（最好为汽服实训室）； 第三步：分析问题，提出改善意见； 第四步：挑选出典型示范展示				
学生实训后反思与改善	小组互评： 优点： 不足： 改善点：				
自我学习评价	□优　　□良　　□中　　□及格　　□不及格				

表38 汽车服务人员预约礼仪实训实施方案

课程类型	汽车服务人员预约礼仪实训	学时	2
实训目标	1. 知识目标 （1）掌握预约的礼仪； （2）掌握预约的基本流程； （3）了解预约的方式。 2. 能力目标 （1）通过实训掌握预约的礼仪； （2）了解预约给客户和企业带来的好处。 3. 素质目标 掌握汽车售后服务流程中的预约礼仪，培养汽车服务人员对预约重要性的认知		
实训进程安排	一次课两学时，一次课完成		
实训者分析	学习者已具备的知识与能力： 目前学生们已经系统地学习了预约礼仪的内容，并对基本理论掌握较为清楚，但是实践能力不足，需要通过实训课程来掌握		
	学习者可能发生的学习困难： 在实训过程中，学生会遇到很多突发情况，需要做好应急处理，锻炼自身的能力		
实训环境及媒体选择	电话、汽服实训室、多媒体设备配合演练		
教学方法	讲练结合，主要以学生练习为主，教师点评为辅		
实训活动形式	小组情景模拟的形式练习		
实训效果评价方式	小组点评与教师评价相结合的方式		

表39 汽车服务人员预约礼仪实训任务单

任务名称	汽车服务人员预约礼仪实训	班级		教师评阅	
		姓名			
背景知识考核	1. 说明预约的基本要求。 2. 预约的基本流程有哪些？				
自我学习评价	□优　　　□良　　　□中　　　□及格　　　□不及格				

表40 汽车服务人员预约礼仪实训任务单

任务名称	汽车服务人员预约礼仪实训	班级		教师评阅	
		姓名			
任务描述	车主王先生3个月前在本公司买了一辆车，按照车辆保养手册的要求，车辆现在应进行首次5000公里的首保，作为售后服务顾问，打电话主动预约保养时间				
组织与实训步骤	第一步：分组，每2个人一组，分配角色； 第二步：在布置好的场景内进行练习（最好为汽服实训室）； 第三步：分析问题，提出改善意见； 第四步：挑选出典型示范展示				
学生实训后反思与改善	小组互评： 优点： 不足： 改善点：				
自我学习评价	□优　　□良　　□中　　□及格　　□不及格				

表 41　汽车服务人员准备工作礼仪实训实施方案表

课程类型	汽车服务人员准备工作礼仪实训	学时	2
实训目标	1. 知识目标 （1）掌握接待前准备工作的礼仪； （2）掌握准备工作的基本流程； （3）了解准备工作的内容。 2. 能力目标 （1）通过实训掌握准备工作的礼仪； （2）了解准备工作的重要性。 3. 素质目标 掌握汽车售后服务流程中准备工作的礼仪，培养汽车服务人员对接待前准备工作重要性的认知		
实训进程安排	一次课两学时，一次课完成		
实训者分析	学习者已具备的知识与能力： 　目前学生们已经系统地学习了准备工作礼仪的内容，并对基本理论掌握较为清楚，但是实践能力不足，需要通过实训课程来掌握		
	学习者可能发生的学习困难： 　在实训过程中，学生会遇到很多突发情况，需要做好应急处理，锻炼自身的能力		
实训环境及媒体选择	汽服实训室、多媒体设备配合演练		
教学方法	讲练结合，主要以学生练习为主，教师点评为辅		
实训活动形式	小组情景模拟的形式练习		
实训效果评价方式	小组点评与教师评价相结合的方式		

表 42 汽车服务人员准备工作礼仪实训任务单

任务名称	汽车服务人员准备工作礼仪实训	班级		教师评阅	
		姓名			
背景知识考核	1. 说明准备工作的基本要求。 2. 准备工作的礼仪有哪些？				
自我学习评价	□优 □良 □中 □及格 □不及格				

表43 汽车服务人员准备工作礼仪实训任务单

任务名称	汽车服务人员准备工作礼仪实训	班级		教师评阅	
		姓名			
任务描述	1. 客户进店前一天的准备工作； 2. 客户进店当天的准备工作 （包括表格的填写、突发情况处理，内容自拟）				
组织与 实训步骤	第一步：分组，每2个人一组，分配角色； 第二步：在布置好的场景内进行练习（最好为汽服实训室）； 第三步：分析问题，提出改善意见； 第四步：挑选出典型示范展示				
学生实训后 反思与改善	小组互评： 优点： 不足： 改善点：				
自我学习 评价	□优　　□良　　□中　　□及格　　□不及格				

表44 汽车服务人员接车/制单礼仪实训实施方案

课程类型	汽车服务人员接车/制单礼仪实训	学时	2
实训目标	1. 知识目标 （1）掌握接车/制单的礼仪； （2）掌握接车的基本流程； （3）了解制单的方式。 2. 能力目标 （1）通过实训掌握接车/制单的礼仪； （2）了解接车/制单环节的流程。 3. 素质目标 掌握汽车售后服务流程中的接车/制单礼仪，培养汽车服务人员对接车/制单重要性的认知		
实训进程安排	一次课两学时，一次课完成		
实训者分析	学习者已具备的知识与能力： 目前学生们已经系统地学习了接车/制单礼仪的内容，并对基本理论掌握较为清楚，但是实践能力不足，需要通过实训课程来掌握		
	学习者可能发生的学习困难： 在实训过程中，学生会遇到很多突发情况，需要做好应急处理，锻炼自身的能力		
实训环境及媒体选择	汽服实训室、多媒体设备配合演练		
教学方法	讲练结合，主要以学生练习为主，教师点评为辅		
实训活动形式	小组情景模拟的形式练习		
实训效果评价方式	小组点评与教师评价相结合的方式		

表45 汽车服务人员接车/制单礼仪实训任务单

任务名称	汽车服务人员接车/制单礼仪实训	班级		教师评阅	
背景知识考核	1. 说明接车的礼仪。 2. 说明制单的礼仪。				
自我学习评价	□优	□良	□中	□及格	□不及格

表46 汽车服务人员接车/制单礼仪实训任务单

任务名称	汽车服务人员接车/制单礼仪实训	班级		教师评阅	
		姓名			
任务描述	车主王先生开车到4S店进行首次保养，服务顾问进行接待工作（按照标准接待流程进行）				
组织与实训步骤	第一步：分组，每2个人一组，分配角色； 第二步：在布置好的场景内进行练习（最好为汽服实训室）； 第三步：分析问题，提出改善意见； 第四步：挑选出典型示范展示				
学生实训后反思与改善	小组互评： 优点： 不足： 改善点：				
自我学习评价	□优　　□良　　□中　　□及格　　□不及格				

表 47 汽车服务人员维修工作礼仪实训实施方案

课程类型	汽车服务人员维修工作礼仪实训	学时	2
实训目标	1. 知识目标 （1）掌握维修派工的礼仪； （2）掌握维修准备的礼仪； （3）了解变更服务的流程。 2. 能力目标 （1）通过实训掌握维修工作的礼仪； （2）了解维修工作的流程。 3. 素质目标 掌握汽车售后服务流程中的维修工作礼仪，培养汽车服务人员对维修工作重要性的认知		
实训进程安排	一次课两学时，一次课完成		
实训者分析	学习者已具备的知识与能力： 目前学生们已经系统地学习了维修工作礼仪的内容，并对基本理论掌握较为清楚，但是实践能力不足，需要通过实训课程来掌握		
	学习者可能发生的学习困难： 在实训过程中，学生会遇到很多突发情况，需要做好应急处理，锻炼自身的能力		
实训环境及媒体选择	汽服实训室、多媒体设备配合演练		
教学方法	讲练结合，主要以学生练习为主，教师点评为辅		
实训活动形式	小组情景模拟的形式练习		
实训效果评价方式	小组点评与教师评价相结合的方式		

表 48 汽车服务人员维修工作礼仪实训任务单

任务名称	汽车服务人员维修工作礼仪实训	班级		教师评阅	
		姓名			
背景知识考核	1. 说明维修派工的礼仪。 2. 说明变更维修项目的流程。				
自我学习评价	□优　　□良　　□中　　□及格　　□不及格				

表49 汽车服务人员维修工作礼仪实训任务单

任务名称	汽车服务人员维修工作礼仪实训	班级		教师评阅	
		姓名			
任务描述	某公司李总的轿车在做3.4万公里维护过程中，维修技师发现其右前轮制动片磨损到极限，需要及时更换前制动片一对，追加费用1440元（其中零件费用为1380元，工时费为60元），估价交车时间将推迟2小时，延迟到下午5点以后交车李总已离店				
组织与实训步骤	第一步：分组，每2个人一组，分配角色； 第二步：在布置好的场景内进行练习（最好为汽服实训室）； 第三步：分析问题，提出改善意见； 第四步：挑选出典型示范展示				
学生实训后反思与改善	小组互评： 优点： 不足： 改善点：				
自我学习评价	□优　　□良　　□中　　□及格　　□不及格				

表 50 汽车服务人员质检/内部交车礼仪实训实施方案

课程类型	汽车服务人员质检/内部交车礼仪实训	学时	2
实训目标	1. 知识目标 （1）掌握质检/内部交车的礼仪； （2）掌握质检/内部交车的基本流程。 2. 能力目标 （1）通过实训掌握质检/内部交车的礼仪； （2）了解质检/内部交车环节的流程。 3. 素质目标 掌握汽车售后服务流程中的质检/内部交车礼仪，培养汽车服务人员对质检/内部交车重要性的认知		
实训进程安排	一次课两学时，一次课完成		
实训者分析	学习者已具备的知识与能力： 目前学生们已经系统地学习了质检/内部交车礼仪的内容，并对基本理论掌握较为清楚，但是实践能力不足，需要通过实训课程来掌握		
	学习者可能发生的学习困难： 在实训过程中，学生会遇到很多突发情况，需要做好应急处理，锻炼自身的能力		
实训环境及媒体选择	汽服实训室、多媒体设备配合演练		
教学方法	讲练结合，主要以学生练习为主，教师点评为辅		
实训活动形式	小组情景模拟的形式练习		
实训效果评价方式	小组点评与教师评价相结合的方式		

表51 汽车服务人员质检/内部交车礼仪实训任务单

任务名称	汽车服务人员质检/内部交车礼仪实训	班级		教师评阅	
		姓名			
背景知识考核	1. 说明质检/内部交车的标准流程。 2. 说明质检的礼仪。				
自我学习评价	□优　　□良　　□中　　□及格　　□不及格				

表 52 汽车服务人员交车/结算礼仪实训实施方案

课程类型	汽车服务人员交车/结算礼仪实训	学时	2
实训目标	1. 知识目标 （1）掌握交车/结算的礼仪； （2）掌握送别客户的礼仪； （3）了解交车/结算的流程。 2. 能力目标 （1）通过实训掌握交车/结算的礼仪； （2）了解交车/结算环节的流程。 3. 素质目标 掌握汽车售后服务流程中的交车/结算礼仪，培养汽车服务人员对交车/结算重要性的认知		
实训进程安排	一次课两学时，一次课完成		
实训者分析	学习者已具备的知识与能力： 目前学生们已经系统地学习了交车/结算礼仪的内容，并对基本理论掌握较为清楚，但是实践能力不足，需要通过实训课程来掌握		
	学习者可能发生的学习困难： 在实训过程中，学生会遇到很多突发情况，需要做好应急处理，锻炼自身的能力		
实训环境及媒体选择	汽服实训室、多媒体设备配合演练		
教学方法	讲练结合，主要以学生练习为主，教师点评为辅		
实训活动形式	小组情景模拟的形式练习		
实训效果评价方式	小组点评与教师评价相结合的方式		

表53 汽车服务人员交车/结算礼仪实训任务单

任务名称	汽车服务人员交车/结算礼仪实训		班级		教师评阅	
			姓名			
背景知识考核	1. 说明交车的礼仪。 2. 说明结算的礼仪。					
自我学习评价	□优	□良	□中	□及格	□不及格	

表54 汽车服务人员交车/结算礼仪实训任务单

任务名称	汽车服务人员交车/结算礼仪实训	班级		教师评阅	
		姓名			
任务描述	王先生的车完成了所有的维修项目，现在服务顾问小王带领王先生去结算，之后送王先生离开					
组织与实训步骤	第一步：分组，每3个人一组，分配角色； 第二步：在布置好的场景内进行练习（最好为汽服实训室）； 第三步：分析问题，提出改善意见； 第四步：挑选出典型示范展示				
学生实训后反思与改善	小组互评： 优点： 不足： 改善点：				
自我学习评价	□优　　□良　　□中　　□及格　　□不及格				

表 55　汽车服务人员回访礼仪实训实施方案

课程类型	汽车服务人员回访礼仪实训	学时	2
实训目标	1. 知识目标 （1）掌握回访的礼仪； （2）掌握回访的基本流程； （3）了解回访的注意事项。 2. 能力目标 （1）通过实训掌握回访的礼仪； （2）了解回访的流程。 3. 素质目标 掌握汽车售后服务流程中的回访礼仪，培养汽车服务人员对回访重要性的认知		
实训进程安排	一次课两学时，一次课完成		
实训者分析	学习者已具备的知识与能力： 目前学生们已经系统地学习了回访礼仪的内容，并对基本理论掌握较为清楚，但是实践能力不足，需要通过实训课程来掌握		
	学习者可能发生的学习困难： 在实训过程中，学生会遇到很多突发情况，需要做好应急处理，锻炼自身的能力		
实训环境及媒体选择	电话、汽服实训室、多媒体设备配合演练		
教学方法	讲练结合，主要以学生练习为主，教师点评为辅		
实训活动形式	小组情景模拟的形式练习		
实训效果评价方式	小组点评与教师评价相结合的方式		

表 56 汽车服务人员回访礼仪实训任务单

任务名称	汽车服务人员回访礼仪实训	班级		教师评阅	
		姓名			
背景知识考核	1. 说明回访前的准备工作。 2. 说明回访需要注意的事项。				
自我学习评价	□优 □良 □中 □及格 □不及格				

表57 汽车服务人员回访礼仪实训任务单

任务名称	汽车服务人员回访礼仪实训	班级		教师评阅	
		姓名			
任务描述	王先生两年前在某公司买了一辆车，按照车辆保养手册的要求，车辆进行了25000公里的保养，作为售后服务回访员，需要对王先生进行回访				
组织与实训步骤	第一步：分组，每2个人一组，分配角色； 第二步：在布置好的场景内进行练习（最好为汽服实训室）； 第三步：分析问题，提出改善意见； 第四步：挑选出典型示范展示				
学生实训后反思与改善	小组互评： 优点： 不足： 改善点：				
自我学习评价	□优　　□良　　□中　　□及格　　□不及格				